W0307085

Les histoires relatées ici sont inspirées de faits réels, mais les prénoms et certaines situations ont été modifiés.

Ouvrage dirigé par Florence Pierron-Boursot
Conception et réalisation graphique : Stéphanie Aguado
Photo de couverture : © Shutterstock.com

Tous droits réservés, y compris le droit de reproduction de ce livre ou de quelque citation que ce soit, sous n'importe quelle forme.

© 2022, Hugo Doc, département de Hugo Publishing
34-36, rue La Pérouse
75116 - Paris
www.hugopublishing.fr

ISBN : 9782755697902
Dépôt légal : septembre 2022
Imprimé par CPI BlackPrint en septembre 2023

JEANNE QUILFEN

DANS LES YEUX DU PROCUREUR

CHRONIQUES DE LA JUSTICE ORDINAIRE

TÉMOIGNAGE

Hugo Doc

Avant de commencer, je voudrais avoir un mot et beaucoup de pensées pour ceux qui ont rendu ce projet possible :

À ma mère, qui m'a transmis l'amour des mots et des jolies choses,

À ceux de mes proches, et en particulier à celui qui partage ma vie, qui vivent au rythme des permanences, des coups de fil en pleine nuit et des week-ends au tribunal, qui s'adaptent et m'entourent de leur affection,

À Cyprien pour sa présence, son soutien sans faille et parce qu'il sait si bien faire taire le syndrome de l'imposteur,

À Baptiste à qui j'ai pu déléguer ma confiance en moi pour oser me lancer,

À Sébastien, David, Loulou, Isabelle et tous les autres, grâce à qui j'y ai cru,

Merci.

AVANT-PROPOS

J'avais dix-sept ans la première fois que j'ai mis les pieds dans un tribunal. Plus de vingt ans après, j'ai un souvenir très précis de cette journée, comme s'il était agi d'un rendez-vous important pour moi ; de fait, sans que j'en aie conscience à l'époque, ces quelques heures ont probablement changé ma vie. Je me rappelle ce jour de printemps, le soleil doux du matin qui nimbait de lumière les hautes colonnes de pierre grise. Je montai les quelques marches et rentrai dans la salle des pas perdus : j'ignorais alors que cela s'appelait comme ça. Je venais pour un projet dans le cadre de mon groupe de théâtre au lycée, il n'y avait pas d'enjeu personnel à ma présence en ces lieux, qui ne représentaient rien d'inquiétant.

J'ai été frappée par la quiétude qui habitait cette immense salle où chaque son résonnait sous les hauts plafonds en pierre. Je regardais les grandes dalles du sol, les colonnes toujours, les escaliers majestueux montant vers les bureaux. La salle d'audience était belle, en bois foncé et tissu bordeaux, et je me souviens d'avoir été marquée par l'ambiance qui y régnait. Une audience civile s'y tenait alors et, bien entendu, je ne comprenais rien aux termes employés, mais je restai un moment à observer les allées et venues des robes noires, l'air concentré du juge, les plaidoiries des avocats – comme ils me paraissaient alors sûrs d'eux…

À dix-sept ans, je voulais être professeur d'histoire-géographie, mais ma rencontre avec le monde judiciaire a bouleversé mes plans.

Quelques mois après cette première visite, je faisais un stage au sein de la juridiction et c'est à l'issue de ces deux semaines d'immersion que je décidai de m'inscrire à la faculté de droit après avoir obtenu mon bac, pour devenir magistrat.

Passons sur les années de bonheur à ingérer le droit administratif ou les finances publiques, les années à l'université ne m'ayant pas laissé un souvenir impérissable… Un peu avant mes vingt-quatre ans, je passai les écrits du concours d'accès à l'ENM[1] ; quelques semaines après, j'apprenais que j'étais admissible et que j'allais enchaîner sur les oraux. Je terminais le dernier, le grand oral, en m'effondrant en pleurs, à l'extérieur de la salle, de nerfs, de fatigue, de tension qui retombait, avec l'impression d'avoir enfin terminé un marathon.

Je me souviens exactement de l'endroit où je me trouvais quand j'ai su que j'étais reçue. J'avais un contrat à temps plein dans une société de recouvrement depuis quelques mois : ma mère travaillait à la Poste et avait un tout petit salaire, j'ai perdu mon père très jeune, donc mes études avaient été financées intégralement par les bourses. N'ayant pas les moyens de payer une préparation privée, j'avais fait une année en Institut d'études judiciaires (IEJ), d'un coût très modeste ; une fois cette année préparatoire terminée, plus de bourse en attendant de passer le concours, plus de revenus, je m'étais donc trouvé un CDD en attendant d'en connaître les résultats.

J'étais donc au travail et assise à mon bureau quand la liste des admis est tombée, en fin d'après-midi. Quand j'ai vu mon nom, la joie évidemment, l'impression de toucher enfin du doigt ma vocation et le soulagement aussi, terminées les galères financières, l'incertitude.

1. École nationale de la magistrature : seule école en France à destination des futurs magistrats, elle se situe à Bordeaux, juste à côté du tribunal.

Les quelques semaines qui me séparaient de l'entrée à l'ENM sont passées très vite.

Le jour de la rentrée j'ai été impressionnée par le lieu, c'est une très belle école.

J'ai enfilé ma robe de magistrat pour la première fois, je me souviens de cette sensation : mon futur métier devenait soudain très concret.

Le jour de la prestation de serment, j'avais une grippe carabinée : j'en conserve des souvenirs flous. Tour à tour, nous avons tous levé la main droite et dit « je le jure » après l'énoncé de notre serment de nous comporter comme de « bons et loyaux auditeurs de justice ». Sur les photographies prises juste après, les yeux de ma mère brillent des larmes de fierté qu'elle retient, les miens de fièvre.

La première phase de la scolarité se déroule à l'école elle-même. Pendant un an, répartis en classes qu'à l'ENM on appelle « directions d'études », où sont présents avec nous des élèves avocats pour cette partie du cursus, on écoute des intervenants venus d'horizons et de pays très différents, des magistrats, des auxiliaires de justice, mais pas seulement, énormément de professionnels venus nous parler de leur domaine de compétence.

En classe, on s'entraînait dur, beaucoup de rédaction, des simulations d'audiences ou d'interrogatoires, des travaux pratiques : juger, requérir, rédiger des décisions… Comment s'adresser au justiciable pour qu'il ose raconter l'indicible ? Comment gérer lorsque votre interlocuteur est mutique ou au contraire logorrhéique ? Comment appliquer le droit avec rigueur, rendre une décision solide et comprise, faute d'être satisfaisante pour chacune des parties ? Comment se rendre accessible ? Comment simplement être un bon juge, un bon parquetier ?

On était tous très différents, certains s'étaient plus que d'autres frottés aux galères de l'existence avant l'obtention de leur concours.

Au bout d'un an, premier envol : les auditeurs de justice se dispersent dans toute la France et partent en stage juridictionnel où ils poursuivent leur formation sous la supervision de leurs futurs collègues, et ce dans toutes les fonctions.

J'ai commencé par le parquet et, très vite, j'ai su que c'était ce que je voulais faire. Ce frisson en me levant à l'audience, cet échange d'arguments parfois féroce avec la défense, devoir me battre pour défendre les dossiers dans lesquels je croyais... J'étais bien entourée par des maîtres de stage très bienveillants et je me souviens d'avoir dit à l'un d'entre eux que je ne me sentais pas capable de requérir une peine d'emprisonnement contre ce prévenu juste poursuivi pour séjour irrégulier comme ça se faisait parfois, et de sa réponse : « Alors requiers ce qui te semble juste. »
Je faisais mon stage dans un gros tribunal où être de permanence au parquet signifiait avoir toujours sept ou huit appels en attente, mais j'adorais ça, le casque sur les oreilles toute la journée, se demander ce que le prochain coup de fil réserve comme difficulté procédurale, comme petit dossier qui sera vite réglé ou comme grosse affaire nécessitant qu'on arrête tout, tout de suite, et qu'on se déplace... Finir les journées rincée, shootée à l'adrénaline et avoir hâte d'être au lendemain, que ça recommence...

Mon stage à l'instruction m'a convaincue que j'y ferais un passage au cours de ma carrière. Je travaillais avec un magistrat instructeur doté d'une impressionnante force de travail, un très bon juge et également un homme bien, tout simplement. Il connaissait tous ses dossiers sur le bout des doigts, du plus simple au dossier économique et financier le plus complexe. Il ne choisissait pas sur quelles procédures il s'investissait, et ce, malgré un cabinet qui tournait à plein régime : il traitait chacun avec la même attention et la même écoute et ne se départait jamais de son calme, même face au mis en examen à qui il était reproché les faits criminels les plus graves.

Je me suis frottée à la technicité de la fonction de juge d'application des peines. C'est au cours de ce stage que je suis entrée pour la première fois entre les murs froids et gris d'une prison ; on m'a enseigné qu'il n'était jamais anodin d'y enfermer quelqu'un, pas plus qu'il n'était anecdotique de prendre le risque d'en laisser sortir un condamné en décidant d'aménager sa peine.

J'ai eu la gorge serrée chez le juge des enfants, bombardée au quotidien de toute la détresse et la misère qu'à vingt-cinq ans le monde me paraissait pouvoir contenir ; j'ai appris à donner la réponse qui me semblait la moins mauvaise, pour ne pas dire la meilleure, à ce cortège de tristesses, si différentes les unes des autres et à la fois si semblables. Je me suis endurcie au fil des semaines, j'ai appris à mettre mes affects et mes a priori à distance, j'ai mesuré et pris des risques… J'ai grandi, probablement plus qu'au cours de mes autres stages.

J'ai présidé des audiences correctionnelles, le ventre noué avant d'entrer dans la salle au son du « le Tribunal ! » déclamé par l'huissier audiencier, froncé les sourcils et haussé le ton, su me taire quand il s'agissait tout simplement d'écouter la victime et le prévenu nous raconter le fragment de leur vie qui les avait amenés devant une juridiction pénale. Je me suis fait des nœuds au cerveau sur les nullités de procédure soulevées à l'audience, et plus encore quand il s'agissait de trancher la question de la culpabilité sur des faits gravissimes et éminemment contestés. Peser les preuves… Se forger – ou pas ! – une intime conviction, et en tirer toutes conséquences…

Au civil, j'ai rosi de fierté quand mon maître de stage m'a indiqué n'avoir quasiment rien eu à retoucher dans mon jugement maudit de droit de la construction où intervenaient plus de parties que je ne pouvais en compter.

Aux affaires familiales, j'ai résisté à l'envie de prendre Monsieur pour taper sur Madame, ou vice versa, quand ils étaient tellement occupés à régler leurs comptes qu'ils en oubliaient qu'ils s'étaient un jour suffisamment aimés pour faire des enfants qui se retrouvaient, au milieu de leur guerre des tranchées, sommés de choisir et qui finiraient, inéluctablement, par payer le prix de leur haine et de leur rancœur.

J'ai expliqué au justiciable à l'instance qu'il fallait mettre un peu d'ordre dans les pièces fourrées dans un sac plastique qu'il venait de déposer devant moi, les classer un minimum et les montrer à la partie adverse. J'ai galéré sur les jugements de prud'hommes, j'ai fait des calculs savants en surendettement ou en rétablissement personnel[2].

Aux tutelles, j'ai expliqué en parlant très fort à mamie que la gestion de son budget, là, ce n'était plus possible et que j'allais désigner quelqu'un pour l'y aider.

J'ai également passé quelques semaines dans un cabinet d'avocats, dans une association de prise en charge de mineurs dont les parents avaient des difficultés éducatives, j'ai tourné avec la BAC[3] et passé une semaine en gendarmerie, au service pénitentiaire d'insertion et de probation, à la protection judiciaire de la jeunesse, deux semaines en maison d'arrêt…

Au cours des deux ans et demi de formation, j'ai trébuché, j'ai douté, j'ai eu des grands moments de solitude et des fous rires incontrôlables. J'en suis sortie, je crois, bien armée pour affronter mes futures fonctions ; j'ai retenu surtout qu'on ne devient pas un bon magistrat,

2. Branches de contentieux du droit civil traitant de la situation du particulier dans l'incapacité de faire face à ses dettes.
3. Brigade anti-criminalité, service de voie publique de la police nationale.

du siège ou du parquet, si on ne s'efforce pas tout simplement d'être une bonne personne. Si on n'aime pas les gens, si on n'est pas prêt à regarder en face leurs failles, ce qu'ils ont de plus fragile et ce qu'ils ont de plus sombre, et si le but ultime n'est pas de les aider, alors on n'a rien à faire dans cette robe que je porte depuis plus de dix ans.

Les lettres de mon nom inscrites par le costumier sur l'étiquette au niveau de la nuque se sont un peu estompées, mon épitoge a perdu de son pelage… Ces années ont été l'occasion de larmes retenues, de nouveaux fous rires mémorables et de magnifiques rencontres avec des enquêteurs, des avocats, des collègues et greffiers, et avec des justiciables admirables, terrifiants ou horripilants, mais je n'ai jamais perdu de vue ce qu'on m'avait appris.

En sortie d'école, j'ai choisi de devenir substitut du procureur, pour cette énergie, pour cette absence de routine, pour le travail en équipe aussi qui a un caractère rassurant quand on est un jeune magistrat… J'ai quitté l'école et le confort d'avoir toujours quelqu'un à mes côtés pour rattraper mes erreurs et, comme au lendemain de l'obtention de son permis de conduire, je me suis lancée, toute seule au volant.

MONSIEUR LE PROCUREUR

Après deux ans et demi à l'école est enfin arrivé mon tout premier jour de bébé substitut : je vais pour la première fois monter les marches du premier tribunal où je suis affectée. J'ai à peine vingt-sept ans. Bien sûr, et c'est presque un lieu commun de le dire, je suis emplie d'illusions, d'idées toutes faites…

Le matin du grand jour, je me prépare et je n'oublie pas de prendre ma robe, bien rangée dans sa housse. Jusque-là, chaque fois que je l'ai revêtue, c'était soit pour faire semblant à l'école, soit avec un maître de stage à mes côtés. Dans quelques jours, peut-être une poignée d'heures, je serai toute seule à devoir affronter l'audience, la permanence, sans filet, sans chaperon… J'ai hâte et, en même temps, j'ai la trouille.

Devant le tribunal, je lève les yeux vers ses pierres grises et ses hautes portes : j'inspire un grand coup… J'entre. Le bonjour à la sécurité, je passe le portique ; dans quelques cafés et discussions partagés aux suspensions d'audience avec les agents, je le contournerai avec un sourire… Je me repère facilement, le tribunal est petit, un panonceau « parquet », une volée de marches… Je me présente au secrétariat : « Bonjour, je suis Sir[4], j'ai rendez-vous avec Monsieur le Procureur à 9h30. »

4. Je reprends ici le pseudonyme que j'utilise sur mon compte Twitter.

On me fait patienter – il est 9h10 et je suis en avance, comme toujours ! J'entends le téléphone sonner régulièrement à la permanence, mon futur collègue y répondre... J'ai hâte de retrouver cette ébullition, cette adrénaline...

« Sir ? Monsieur le Procureur va vous recevoir. »

Je me lève, un peu anxieuse d'un coup, et je rentre d'un pas décidé. Mon premier procureur m'attend derrière son bureau. Il me sourit largement, mais je vois ses yeux s'agrandir imperceptiblement : à vingt-sept ans, j'ai un style gothique que je tempérerai (un peu) avec le temps mais dont on a peu l'habitude dans les tribunaux. Il se lève pour me saluer, une poignée de main solide, une voix chaleureuse.

Les jours suivants vont vite me faire comprendre que je suis à la maison.

Mon tout premier jour de permanence, le procureur passe me voir et d'un œil malicieux me raconte que, lors de sa première astreinte, il a eu une prise d'otage à la maison d'arrêt, le grand jeu, un surveillant pénitentiaire pris pour cible, une tentative d'évasion en hélicoptère... Il éclate de rire quand il me voit faire de grands yeux ronds et me rassure : je vais très bien gérer, il en est sûr, et si je ne gère pas, que je ne sais pas, que j'hésite, je peux l'appeler, jour et nuit.

Les tout premiers week-ends, je vais l'appeler bien sûr, jour et nuit, évidemment. Il sera toujours présent, attentif et bienveillant, et sans me dicter la solution, il m'aidera chaque fois à la trouver par moi-même.

Je débarquais souvent dans son bureau, avec sous le bras une pile de dossiers reçus du commissariat ou d'une gendarmerie, que même après m'être fait des nœuds au cerveau pendant des heures je n'arrivais pas à résoudre : je lui expliquais le problème et il m'aidait toujours à le solutionner.

Les appels le week-end et les visites impromptues dans son bureau se sont espacés au fil des mois, alors que j'apprenais à me débrouiller seule et à moins douter de moi.

C'était le genre de procureur qui se glissait dans le bureau des collègues qui avaient du mal à gérer leur courrier quand ils étaient en vacances ; il en prenait autant de piles qu'il pouvait en abattre et n'en disait jamais un mot.

Il a poussé un éclat de rire tonitruant la première fois que j'ai reçu des conclusions de nullité de procédure sur audience et que j'ai demandé une suspension au président, pour monter les marches jusqu'au parquet quatre à quatre et, en panique, réclamer de l'aide qu'il m'a bien sûr apportée.

C'est lui qui m'a confié mon premier dossier d'assises : « Un facile, pour vous mettre en jambes ; vous connaissant, Sir, vous n'en ferez qu'une bouchée !! » Il m'a expliqué comment m'y préparer, on a débriefé ensemble la peine qu'il convenait de réclamer… Il est venu écouter mes réquisitions et m'a ensuite donné des conseils, toujours avec son clin d'œil taquin :
« C'est bien d'aller vite, Sir, mais aux assises, il faut emmener les jurés avec vous et donc il faut prendre tout son temps. »

C'était un grand parquetier, très compétent juridiquement et éloquent, un ton direct et simple : il savait parler aux enquêteurs, aux juges et aux jurés…

Il m'a donné confiance en moi ; il a largement contribué à faire de moi la parquetière que je suis devenue. Il m'a montré que ce n'était jamais un aveu de faiblesse de dire « je ne sais pas », de demander un conseil ou de l'aide. Il m'a confortée dans l'idée qu'on pouvait être respecté sans verser dans l'excès d'autorité ou surjouer la confiance en soi. J'ai compris grâce à lui, s'il m'était venu à l'esprit d'en douter, qu'il ne fallait jamais abuser de l'infime parcelle de pouvoir qui m'était dévolue, et que la noblesse du ministère public, c'était de ne pas sombrer dans la caricature, l'outrance, la brutalité.

L'humilité, l'humanité, l'humour dont je crois fermement que ce sont les valeurs qui permettent à la fois de bien exercer et de supporter les fonctions de magistrat, les seules qui permettent de continuer à faire preuve de bienveillance et de ne pas s'effondrer face à ce qui fait notre quotidien, c'est notamment lui qui m'en a montré la voie. Je ne voyais jamais chez lui de cynisme, d'amertume, de mépris.

Alors que depuis quelques mois mon envie de raconter la justice me travaillait et que je m'y employais dans d'autres lieux qu'entre ces pages, j'ai appris que ce grand monsieur, à jamais dans mon cœur comme mon premier procureur, venait de s'éteindre. Il était à la retraite depuis quelques années. D'imaginer que plus personne n'entendra sa voix bourrue et ses coups de gueule, ne partagera ces fous rires qu'il pouvait provoquer ou faire rebondir… ça m'a emplie d'une immense tristesse et d'une nostalgie de ce temps-là, d'une nostalgie telle que c'est le premier portrait que je voulais partager ici.

Au revoir, Monsieur le Procureur, et merci.

TIRAILLÉE

Ça fait quelques semaines seulement que je suis en poste lorsque je suis contactée sur la permanence pour Léane, six ans : cela tombe bien que je décroche car je suis substitut en charge des mineurs, je suivrai donc l'affaire d'un bout à l'autre.

La maman de Léane, Betty, est arrivée à la gendarmerie la plus proche de chez elle, un peu paniquée. Sa petite fille lui a fait des confidences alors qu'elle lui faisait sa toilette et elle s'est tout de suite inquiétée.

Betty explique être séparée du père de l'enfant, Bastien, depuis plusieurs années. C'est lui qui a quitté la maison ; il a rencontré quelqu'un et, depuis, il délaisse leur fille. Il ne la voit pas très souvent, il la prend chez lui un week-end par mois grand maximum : Betty souligne que pour son ex, la priorité est manifestement la nouvelle famille qu'il est en train de se créer, et pas Léane.

Celle-ci est justement rentrée de chez lui hier soir. Ce matin dans la salle de bains, alors que sa maman la nettoyait à l'aide d'un gant de toilette, la fillette lui a dit que papa l'avait touchée et lui avait fait bobo. Betty a immédiatement eu peur : elle a vécu des choses très douloureuses dans sa famille et ces mots ont fait écho chez elle. Elle n'a donc voulu prendre aucun risque, a habillé sa fille et est venue voir les gendarmes.

Je prescris un examen médico-légal de Léane pour vérifier qu'elle ne présente pas de traces d'agression, ainsi qu'une audition dite

« Mélanie[5] », c'est-à-dire effectuée dans des conditions visant à mettre l'enfant le plus à l'aise possible.

Deux jours après, les enquêteurs me rappellent.

Léane a raconté avec ses mots d'enfant et sans donner beaucoup de détails, ce qui se comprend aisément au vu de son âge, que son papa avait pratiqué sur elle des attouchements au niveau du sexe. L'examen médico-légal a juste permis de relever des rougeurs dans cette zone, mais sans que le médecin puisse les mettre en lien avec les faits dénoncés par la fillette.

Les gendarmes commencent leurs investigations et dans l'attente, en toute logique, Léane ne voit plus son père.

Les auditions démarrent dans l'entourage de Betty et de l'enfant, afin de vérifier si celle-ci a ou pas changé récemment de comportement : a-t-elle manifesté des signes de déstabilisation, d'angoisse, des attitudes inhabituelles ? L'assistante maternelle qui la garde le soir lorsque Betty est encore au travail décrit la petite comme une fillette équilibrée, joyeuse, elle n'a rien remarqué de différent ces derniers temps. À l'école, même chose : Léane est éveillée, a plein de copains et de copines, est toujours enthousiaste. L'équipe éducative décrit quelques difficultés de communication entre les parents, des tensions, mais sans trop s'étendre sur ce point : ils n'en savent guère plus.

Les proches de Betty sont très tranchés dans leur jugement sur Bastien : depuis la séparation, il se désintéresse de sa fille.

5. L'audition Mélanie se déroule sous la forme d'un entretien entre l'enfant et l'enquêteur, qui retranscrit ultérieurement cet entretien, contrairement à une audition classique qui consiste en un jeu de questions-réponses retranscrites dans le même temps. Ce formalisme moindre vise à mettre l'enfant à l'aise et à permettre une libération de sa parole plus spontanée.

Les gendarmes entendent également l'entourage de Bastien : Betty ayant indiqué à son ex-compagnon qu'il ne pourrait plus exercer son droit de visite tant que l'enquête ne serait pas terminée, il n'est pas nécessaire de se ménager un éventuel effet de surprise : le suspect aura de toute manière tout le temps de réfléchir à ce qu'il dira lors de ses auditions.

Les parents de Bastien, ses amis proches, sa sœur, sa nouvelle compagne, tout le monde est auditionné et tous les témoins sont unanimes : personne ne peut un seul instant imaginer qu'il ait pu s'en prendre à sa fille, ni en commettant sur elle des gestes à caractère sexuel, c'est impensable, ni d'aucune autre manière d'ailleurs. Ces affirmations n'ont que peu d'influence sur l'opinion des gendarmes ou la mienne à ce stade : pour des raisons évidentes, il est infiniment rare qu'un agresseur sexuel soit perçu comme tel par sa famille ou son conjoint.

Plus intéressant, ils ne donnent pas du tout la même description des relations entre Bastien et Léane que Betty : selon eux, il ne se désintéresse pas du tout de la fillette. C'est au contraire sa mère qui fait barrage entre cette dernière et Bastien, qui a de grandes difficultés à exercer ses droits de visite et d'hébergement et doit batailler à chaque week-end, et toutes les vacances, tant et si bien que parfois il renonce, pour ne pas perturber sa fille.

Les témoins ajoutent que Betty a très mal vécu la rupture, le mis en cause l'ayant quittée pour une autre femme avec qui il vit toujours et qui vient d'annoncer sa grossesse.

Quand Léane va chez son père, tout se passe très bien, il s'occupe d'elle, sa nouvelle compagne avec qui la fillette s'entend bien fait de même, ils sortent tous les trois, ils vont voir de la famille… Elle a été ravie d'apprendre qu'elle allait avoir un petit frère ou une petite sœur.

Tous les actes d'enquête préalables ayant été réalisés, Bastien est placé en garde à vue. Les gendarmes n'ont guère d'autres indices à lui opposer que les déclarations de sa fille et ces rougeurs, pas discriminantes selon l'avis même du médecin légiste. Les enquêteurs ont requis un expert psychologue pour rencontrer Léane : celle-ci lui a répété la même chose, les mêmes mots, les mêmes phrases, sans détails. Le praticien dit ne pas avoir de raisons de douter de la parole de l'enfant, mais attire l'attention dans ses conclusions sur la prégnance du conflit parental, susceptible de la perturber.

Bastien nie, avec force. Il est entendu à plusieurs reprises et, à chaque fois, il répète calmement qu'il n'a JAMAIS eu le moindre comportement de nature sexuelle ni même de geste qui aurait pu prêter à confusion envers sa fille. Il n'a pas remarqué de rougeurs sur sa zone intime et, en cas de problème à ce niveau-là, il en aurait parlé à sa compagne.

Il ne sait pas comment expliquer les accusations de Léane, mais glisse que Betty doit être à l'origine de tout ça. C'est une nouvelle et particulièrement douloureuse façon de lui faire payer sa décision de la quitter, ce qu'elle n'a jamais accepté : depuis, elle cherche à l'évincer de la vie de leur fille.

Cet argument, les enquêteurs l'entendent fréquemment dans les affaires prenant place dans un contexte de séparation conflictuelle ; cela apparaît difficile d'en tirer la moindre conclusion, dans un sens ou dans l'autre… Impossible de me faire une opinion à chaud avec les seules informations que j'ai en ma possession : je donne pour instructions de lever la garde à vue de Bastien et de me transmettre la procédure pour étude, afin que j'examine l'ensemble des actes d'enquête à tête reposée avant de prendre ma décision.

Quelques semaines après, dans le calme de mon bureau, je lis le dossier, je le relis… Aucun élément décisif en faveur de l'une ou l'autre version : en l'absence d'éléments de preuve pouvant justifier la tenue d'un procès, je procède au classement sans suite de la plainte de Betty qui en est, bien sûr, informée.

Une affaire chassant l'autre dans le cabinet d'un substitut en charge des mineurs, je ne pense plus à Léane quand je reçois au courrier une lettre de son assistante maternelle, sa nounou. Elle s'excuse de sa démarche, très particulière elle en a conscience : elle s'inquiète peut-être pour rien, mais une discussion qu'elle a eue avec la petite Léane la travaille, elle n'arrive pas à se la sortir de la tête…

Elle aidait la petite fille à se rincer en revenant de la piscine quand la fillette lui a dit que maman l'avait frottée fort, fort, avant d'aller à la gendarmerie… Et elle montre son sexe. La nounou tombe des nues et cherche à en savoir plus, doucement, elle ne veut surtout pas que cela ressemble à un interrogatoire… Elle comprend que Betty aurait dit à sa fille de dire aux gendarmes que papa l'avait touchée.

Depuis, elle y a repensé plusieurs fois… Elle n'en tire pas de conclusion, elle ne se permettrait pas, mais elle tenait à me le signaler.

Je me fais de nouveau transmettre le dossier que mon greffe avait archivé : je demande aux gendarmes d'entendre l'assistante maternelle, qui maintient les termes de son courrier. Elle précise que Léane a mimé le geste de se frotter en disant « fort fort » là où le légiste avait relevé une rougeur, avant de lui dire que Betty lui avait bien expliqué ce qu'il faudrait raconter à la gendarmerie… Elle assure avoir bien compris ce que lui disait l'enfant à ce moment-là, et ne pas avoir pu se tromper.

Je suis consternée… Je fais réentendre Léane : elle ne parle plus des faits qu'aurait commis son père, mais ne dit rien non plus quant à ce que sa mère lui aurait indiqué de dire, ni sur ce fameux frottement… Il est difficile d'auditionner une enfant si jeune qui reste presque taisante sans lui suggérer ses réponses…

Bien entendu, Betty conteste avoir jamais été à l'origine des déclarations de sa fille et s'insurge qu'on puisse même envisager qu'elle ait fait du mal à sa fille, volontairement, pour charger son ex…

Et pourtant, je suis troublée. Je repense aux conclusions de l'expert psychologue sur le conflit parental susceptible d'influer fortement sur Léane. Faute de preuves, je classe sans suite les suspicions de dénonciation calomnieuse mais, pour limiter les conséquences sur la fillette de l'opposition persistante entre ses parents qui me paraît toujours très présente, je saisis le juge des enfants pour qu'il mette en place une mesure d'assistance éducative.

Je penserai très longtemps à cette enfant tiraillée entre sa mère et son père, à mon sentiment d'être incapable de la protéger de cette guerre entre ses parents et, plus encore, de discerner le vrai du faux.

LA COLÈRE DE DIMITRI

Audience correctionnelle, peu avant Noël, comparution immédiate[6]. La moue boudeuse, l'air de s'ennuyer ferme, Dimitri est littéralement affalé sur la barre. Âge réel dix-huit ans et dix jours ; âge ressenti quinze ans. Même s'il n'a l'air que vaguement intéressé par ce qui est en train de se dérouler, c'est le principal concerné : c'est lui que je poursuis aujourd'hui devant le tribunal.

En tant que substitut en charge des mineurs, je connais Dimitri depuis de longs mois maintenant. Il a été placé sur mon ressort par un juge des enfants de fort fort lointain, plusieurs centaines de kilomètres, pour rompre avec « sa problématique familiale », comme son dossier le dit avec pudeur pour ne pas, chaque fois, reparler de ce qui fait mal.

Sa « problématique familiale », c'est une maman qui l'a eu très jeune, trop tôt, et seule. Elle a essayé de l'élever en faisant de son mieux, mais elle avait ses blessures à panser, ses soucis, qu'elle a très vite commencé à noyer dans l'alcool. Sont ensuite venus les stupéfiants, le cannabis d'abord, pour relaxer, puis des drogues plus dures, pour abrutir et faire taire ce qui fait souffrir. Dimitri est alors tout petit : les voisins s'inquiètent et les services sociaux sont alertés.

6. Procédure permettant de faire comparaître un suspect immédiatement après sa garde à vue afin d'obtenir un jugement rapide sur les faits qui lui sont reprochés ; en général réservée aux faits graves ou aux prévenus ayant de lourds antécédents judiciaires.

Les assistantes sociales qui viennent à la maison relèvent des problèmes de développement chez l'enfant : il est malnutri et est laissé seul trop souvent. Insuffisamment stimulé, il ne va pas très bien… Le juge des enfants prononce une aide éducative en milieu ouvert, pour aider sa maman.

Celle-ci pense que ça va aller mieux quand elle rencontre quelqu'un qui va pouvoir la soutenir et lutter contre la solitude, mais son nouveau compagnon traîne à la cheville les mêmes boulets qu'elle, une histoire lourde, douloureuse, qu'il anesthésie à grand renfort d'alcool fort et de drogues. Beau-papa n'aime pas beaucoup Dimitri, qui est encombrant, qui crée des contraintes, qui accapare l'attention de sa mère… Peu à peu la situation dérape. D'abord il crie, fort, il hurle des mots durs, et il bouscule puis cogne Dimitri, puni de plus en plus souvent, de plus en plus sévèrement… Il mange seul dans sa chambre, il n'a plus accès au salon. Quand un petit frère arrive, il est ravi, il voit se profiler un monde meilleur, où il ne sera plus seul… Mais son beau-père lui ordonne de débarrasser sa chambre, et il devient un enfant du placard, maintenu dans un réduit, un fantôme.

Sa mère et son beau-père sont très forts pour cacher ce qui fâche aux services sociaux et il ne viendrait même pas à l'esprit de Dimitri de seulement se plaindre, il sait bien ce qui lui arriverait alors, et ça, il ne le veut surtout pas… Partir. Le placement, en famille d'accueil ou en foyer. C'est pourtant ce qui finit par arriver : il a onze ans lorsque le juge des enfants le confie à l'Aide sociale à l'enfance[7].

Même s'il ne connaît plus l'extrême violence ni toutes ces heures passées seul, il ne veut pas de ce placement. Ce qu'il veut, c'est être chez lui, dans sa famille. Malgré les choix de sa mère qui lui ont toujours été défavorables, malgré la préférence affichée pour son cadet, il les aime et il veut être avec eux.

7. Service du Conseil départemental en charge de la protection de l'enfance en danger.

Même si sa maman ne parvient pas à prendre soin de lui comme il le faudrait quand il est chez elle, elle passe beaucoup de temps à claironner que ce placement est injuste, qu'il ne lui permettra jamais d'aller bien, qu'il serait mieux à la maison…

Alors Dimitri fugue, souvent, pour être parmi les siens : mais maman oscille entre la fusion et le rejet, alors il revient de chaque fugue plus brisé que la fois précédente, plus loin encore de l'idéal de famille qu'il essaie d'atteindre de toutes ses forces…

Ça lui fait mal ; alors vers ses douze ans, il commence à fumer du cannabis pour « se vider la tête », dit-il aux éducateurs et pouvoir enfin dormir, et ne plus penser.

À treize ans, ce sont les premiers vols, les infractions routières…

Dimitri connaissait déjà le juge des enfants statuant en assistance éducative, pour le protéger : c'est maintenant au pénal que son juge s'occupe de lui. Il enchaîne plusieurs comparutions et écope, fort logiquement dans un premier temps, de mesures éducatives, qui restent sans aucun effet.

Il a la haine, et il faut que ça sorte : maintenant, Dimitri frappe. Il frappe les victimes de ses vols. Il frappe les autres adolescents qui partagent son quotidien au foyer. Il frappe des inconnus croisés dans les soirées qu'il fréquente, alcoolisé. Il frappe ses éducateurs. Il frappe sa mère pendant certaines fugues, et essaie de frapper son beau-père, qui lui rappelle rapidement qui est le plus fort des deux, à grands coups de poing qui le laissent sonné…

Dimitri ne parvient pas à mettre des mots sur cette colère. Elle semble prendre le dessus sur lui et tout emporter : son juge lui impose donc des sursis avec mise à l'épreuve. Il prévoit une obligation de scolarité ou de formation, et des soins. Soins pour le cannabis. Soins pour la violence. L'adolescent ne veut pas parler, ne veut pas comprendre : ce qu'il veut, c'est retourner chez lui.

Il fugue de nouveau et, au bout de quelques jours de liesse alcoolisée, sa mère est de nouveau confrontée à la fureur de Dimitri qui lui réclame et lui reproche tant… Elle le rejette une nouvelle fois et lui indique qu'elle ne veut plus le voir.

Le juge des enfants de Dimitri pense alors qu'il lui faut mettre de la distance entre ce dernier et ses proches, que cela lui fera du bien et lui permettra de penser un peu plus à lui et à son avenir plutôt qu'à cette famille rêvée qu'il poursuit, toujours en vain… Il décide de le placer dans un foyer loin, suffisamment loin pour décourager, pense-t-il, toute velléité de fugue…

Dimitri arrive, sur mon ressort, dans une maison d'enfants à caractère social habituée à des profils durs.

Il a dix-sept ans et déjà quarante-huit mois de sursis au-dessus de la tête. Quarante-huit.

Nous allons bientôt faire connaissance.

La distance ne le décourage pas du tout. Dimitri fugue. Une fois. Deux fois. Il rentre chez lui puis revient de lui-même, avant que sa mère se décide à le mettre dehors : l'équipe éducative pense qu'il y a un progrès, mais quand je reçois les rapports d'incidents, je frémis en pensant à tout ce qui pourrait lui arriver sur le trajet et aux dangers qu'il encourt.

Il parvient à entamer un apprentissage : tout le monde s'en félicite, car c'est la première fois qu'il semble accrocher à quelque chose. Il dit avoir trouvé sa voie : ce sera la restauration.

Parallèlement, il mène la vie rude à son foyer, entre ses fugues, les violences envers les autres pensionnaires qui les lui rendent bien, les menaces envers l'équipe éducative… Le placement me paraît déjà bien compromis, mais le foyer tient… Sur la base des progrès ténus mais réels de Dimitri, il tient.

Tout vole en éclats lorsque l'adolescent cambriole, avec grands dégâts, son employeur qui avait déjà donné sa chance à plusieurs mineurs du même foyer. Cette fois, le foyer n'en peut plus, l'équipe veut qu'on arrête... Elle demande à son juge de mettre un terme à la prise en charge et de présenter Dimitri devant lui, de le déférer.

Refusé.

Je crois que le juge de Dimitri a déjà essayé tant de solutions, fait tant d'essais, pris tant de risques qui se sont avérés vains, qu'il ne sait plus quoi faire. Sans doute pense-t-il que Dimitri et son inépuisable colère sont bien loin de lui et qu'il ne sait pas ce qu'il en fera s'il revient... « Il faut tenir », indique-t-il au foyer, mais celui-ci n'en peut plus, et sa cheffe de service m'appelle.

Je ne devais jamais rencontrer Dimitri car, même placé très loin, un mineur continue de relever de la compétence du procureur et du juge des enfants du ressort où il est connu et suivi. Le parquet local n'intervient qu'à défaut, si localement la situation du mineur pose une difficulté.

En l'espèce, ce placement en pose une, m'explique la cheffe de service puisque le comportement de Dimitri nuit au bien-être des autres adolescents présents sur la structure, que certains désertent, qu'il commence à faire peur aux éducateurs et qu'il est dans un sentiment de toute-puissance vraiment inquiétant. Le foyer ne peut plus « tenir »... J'accepte d'intervenir, car la multiplication des passages à l'acte, les nerfs à vif du personnel de la maison d'enfants et l'influence néfaste de Dimitri sur les autres mineurs suivis sur mon ressort doivent recevoir une réponse. De plus, il est bientôt majeur : si on ne réagit pas très vite, bientôt il sera trop tard. Le coup d'arrêt, c'est maintenant ou bien le jeune garçon fera connaissance avec le tribunal correctionnel, et son casier judiciaire est déjà bien trop fourni pour que cette rencontre se passe bien.

Il est déféré devant moi un après-midi. Il est en colère et il me prévient immédiatement : il ne fera pas d'efforts, rien, car personne n'en fait pour lui, que son juge maintenant s'en fout bien de lui, comme sa mère, comme ses éducs, comme moi, tout le monde s'en fout... Je le laisse vider toute cette fureur, mais elle semble n'avoir aucune fin. Il ne veut plus aller au foyer. Il ne veut pas rentrer chez lui. Il ne veut d'aucun autre foyer, il fuguera, de toute façon... Tout dialogue est impossible, Dimitri parle fort, il est tendu, incontrôlable.

Je demande au juge des enfants de mon ressort de placer Dimitri en détention provisoire jusqu'à l'audience au cours de laquelle il sera jugé pour le cambriolage qu'il vient de commettre, dans six semaines...

Refusé.

Dimitri est placé sous contrôle judiciaire avec obligation de scolarité ou de formation et obligation de soins, déjà ordonnées dans les divers suivis dont l'adolescent fait l'objet... Et il retourne au foyer qui ne voulait plus l'accueillir.

Les six semaines qui suivent sont évidemment catastrophiques : il fugue, il n'entame pas plus de soins que jusqu'à présent, son apprentissage est terminé faute d'employeur...

Audience du tribunal pour enfants, un mois et demi plus tard. Dimitri a dix-sept ans et dix mois. Il ne s'est pas soigné, il n'a pas cherché de nouvelle entreprise pour reprendre sa formation, il a passé plus de temps hors du foyer qu'entre ses murs... Un superbe hématome barre sa joue creusée, « une histoire de stupéfiants », clame-t-il devant son juge, provocateur.

Le contrôle judiciaire est un échec et, dans deux mois, il ne pourra plus être protégé, il sera propulsé dans la cour des grands, et avec quelles chances ?

Je requiers une peine d'incarcération, pour marquer un coup d'arrêt à la fuite en avant de Dimitri, que selon moi on est en train de perdre…

Refusée.

Dimitri écope d'un sixième sursis avec mise à l'épreuve. Obligation de soins. Obligation de scolarité ou de formation. Six mois de plus au-dessus de la tête… Je fulmine, je bous…

Comment peut-il comprendre ? Combien de fois les personnes en charge de son suivi ont-elles brandi l'ultime menace, « la prochaine fois… », sans rien derrière ? Comment Dimitri peut-il faire confiance à des adultes dont tous les engagements ne valent finalement rien ? Le sursis avec mise à l'épreuve pose un cadre avec le risque qu'en cas d'irrespect des obligations il soit révoqué et que le condamné soit donc incarcéré… Dimitri a toujours violé toutes les obligations et interdictions qui lui étaient faites, et il n'en a jamais subi les conséquences.

Ça n'a aucun sens. L'adolescent parade en sortant du tribunal, parfaitement conscient d'être, une fois de plus, passé entre les gouttes.

Dimitri a dix-huit ans et cinq jours quand, en pleine rue, il arrache son sac à une grand-mère qui revenait d'avoir fait ses courses. Il la fait tomber au sol et s'enfuit, son butin dérisoire à la main. Il sera interpellé quelques jours plus tard dans le squat minable qu'il occupe depuis peu, avec d'autres compagnons de misère.

Placé en garde à vue alors que je suis de permanence, Dimitri reconnaît les faits. Il se défend mal. Il n'exprime pas de remords, n'a pas d'explication et est toujours fâché. J'examine son casier judiciaire, mais je l'ai encore bien en mémoire : je décide de le présenter devant le tribunal correctionnel immédiatement, que faire d'autre ? Il n'a aucun domicile, aucune insertion, et en l'état aucun avenir qui le tiendra éloigné des tribunaux…

Il comparaît pour la première fois devant le tribunal correctionnel. Terminé l'éducateur qui vient décrire sa situation et proposer des axes de travail, terminée l'analyse détaillée de son parcours personnel et de sa vie familiale... Le président du tribunal correctionnel lit l'enquête de personnalité qui a été ordonnée par mes soins pendant sa garde à vue : elle est obligatoire en cas de recours à la procédure de comparution immédiate, mais les conclusions du travailleur social qui a rencontré le jeune homme à la fin de sa garde à vue n'aident pas beaucoup Dimitri. Pas d'emploi. Pas de projet. Pas de domicile. Pas de soins.

La lecture du casier judiciaire prend plus de temps : le président égrène la longue liste des suivis qui ont été mis en place pour aider Dimitri... « Pour m'aider ?? », l'interrompt l'intéressé en ricanant, ce qui est du plus bel effet. Les juges lèvent un sourcil.

Il n'a pas les codes, ne veut pas les acquérir, il n'attend rien de cette audience.

Il n'a pas un regard ni un mot pour la victime, assise sur le banc des parties civiles, le bras en écharpe.

Il est condamné après un rapide délibéré à deux ans d'emprisonnement avec mandat de dépôt, c'est-à-dire incarcération immédiate. Le tribunal révoque également vingt-quatre des cinquante-quatre mois de sursis avec mise à l'épreuve antérieurement prononcés contre lui... Il n'y a personne dans la salle pour lui, si ce n'est son avocat qui, jusqu'à ce jour, ne l'avait jamais vu et qui, bien sûr, a fait de son mieux avec les arguments que le dossier et le profil de son client lui permettaient de plaider. Malgré mes réquisitions qui ont été sévères, je crois que je suis la plus triste de ce qui est en train de lui arriver.

Je n'ai jamais revu Dimitri, mais je m'en souviens très bien, plus de dix ans après... J'imagine qu'il est retourné là où il imaginait qu'on l'attendait.

Je me souviens de mon sentiment d'impuissance face à cet adolescent décidé coûte que coûte à se détruire et à refuser toutes les mains tendues ; j'étais alors une très jeune magistrate et j'ai toujours eu à l'esprit de respecter mes engagements envers les mineurs que j'étais amenée à suivre.

La justice est parfois le dernier adulte qui peut prouver à un enfant qu'il est possible de respecter ses promesses, même si elles consistent à le punir s'il commet une faute et que s'y tenir peut faire très mal.

UN VOISIN SANS HISTOIRES

Je suis une toute jeune substitut lorsque, selon la formule consacrée, je « monte » aux assises pour y prendre mes premières réquisitions dans un dossier criminel. Mon procureur a décidé de me mettre le pied à l'étrier avec un dossier selon lui simple, portant sur des faits de viol reconnu. Il m'a assurée que je m'en sortirais très bien, mais quand l'huissier audiencier s'écrie très fort « la Cour !! », j'ai quand même les jambes qui tremblent un peu en me levant.

Dans ce ressort, la configuration de la salle est assez particulière : le box se situe de mon côté et l'accusé se trouve donc à environ trois mètres de mon fauteuil, derrière des parois vitrées. Lui aussi s'est levé timidement, les mains croisées sagement devant lui, à l'entrée de mes collègues du siège.

Jean-Pierre a environ cinquante-cinq ans : c'est un homme d'ici, il a toujours vécu dans le coin. Au moment de son interpellation, il habitait dans un hameau, une petite maison rustique en pierres au milieu d'un terrain où il s'occupait de son potager, de ses plantes et de ses chiens. Le voisinage ignore qu'il y a bien des années, il a été condamné pour agression sexuelle sur une nièce : il a été en prison pour ça, puis a été suivi par un psychologue à sa sortie. Depuis lors, à part sa vieille maman qu'il va voir régulièrement en maison de retraite, Jean-Pierre n'a plus aucun lien avec sa famille : il est seul, il ne travaille pas et bénéficie d'une petite pension d'invalidité pour de gros problèmes de dos.

C'est un voisin sans histoires : il est gentil, il est discret, il ne fait pas de bruit, jamais un conflit, et comme il est serviable ! Sans doute parce qu'il est de bonne composition par nature, et sans doute un peu aussi pour tromper la solitude, Jean-Pierre est toujours disponible pour les gens du quartier. Il arrose les plants de tomates quand on est en vacances, passe aussi nourrir le chat. Les enfants rentrent en groupe de l'école à quelques centaines de mètres et, pour ceux dont les parents sont encore au travail, Jean-Pierre leur donne le goûter et surveille les devoirs. Sans être un ami, c'est un homme digne de confiance.

Quand Noémie, dix ans, dit à Adèle sa maman que Jean-Pierre l'embrasse sur la bouche mais que c'est un secret, ses parents tombent de haut. Son père, Maxime, veut aller régler ça sur-le-champ, mais sa compagne l'arrête :

« On va chez les gendarmes. »

Noémie raconte à l'enquêtrice qui l'entend, assise à ses côtés pour ne pas mettre un grand bureau entre elles, les câlins du début, des câlins gentils comme ceux d'un tonton qui ont peu à peu dérapé, se sont transformés en attouchements puis en pénétrations digitales... Jean-Pierre lui a dit de ne pas en parler, car elle se ferait gronder et que maman serait triste et fâchée. La fillette n'a donc rien dit pour ne pas contrarier maman, mais là, elle en a marre, elle n'aime pas le regard de Jean-Pierre quand il fait ça, ça lui fait mal, ça lui fait peur, elle veut qu'il arrête ou alors ne plus aller le voir. La gendarme l'assure que c'est terminé, que personne n'est ni fâché ni triste et que son voisin n'avait pas le droit de faire ça, qu'elle a bien fait d'en parler.

Noémie voit un médecin, un psychologue. Les faits qu'elle affirme avoir subis n'ont laissé aucune trace physique, mais l'ont beaucoup perturbée.

Les autres enfants du voisinage, qui allaient parfois chez le suspect, sont auditionnés : rien à signaler.

Jean-Pierre est placé en garde à vue sur la base des déclarations certes très précises de l'enfant, mais qui ne sont étayées par aucun élément matériel. À la question : « Vous savez pourquoi vous êtes là ? », il répond immédiatement : « À cause de ce que j'ai fait à Noémie. »

Il va très vite raconter par le menu ce qui s'est passé avec force détails, et de manière strictement concordante avec les accusations de l'enfant. Il pleure beaucoup, il se traite de dégueulasse : il regrette, mais c'est trop tard. Pour expliquer les faits, il parle de sa solitude, mais il le sait bien, ça n'excuse rien.

Le procureur de la République saisit le juge d'instruction de mon tribunal, à l'époque seul et débordé : il a sans nul doute fait de son mieux, mais l'information judiciaire a été longue et la plainte remonte à plus de trois ans lorsque le procès de Jean-Pierre s'ouvre. Il est, depuis, resté en détention provisoire. Il n'a jamais déposé de demande de mise en liberté : il n'a nulle part où aller, à part sa petite maison de pierres où bien sûr il ne peut pas retourner, alors il attend d'être jugé, là où il est.

Il est toujours resté sur ses déclarations initiales devant le magistrat instructeur. Il a entamé des soins en détention, c'est dur, car verbaliser ce qu'il ressent, ce n'est pas simple pour Jean-Pierre ; il aide un peu à la bibliothèque…

Noémie a également été auditionnée par le juge et elle a toujours raconté la même chose.

Il n'a pas été nécessaire d'organiser une confrontation, les versions de l'accusé et de la victime correspondant parfaitement.

À l'ouverture du procès, l'avocat des parties civiles explique que Noémie, qui a maintenant treize ans, ne sera pas présente : elle a bien trop peur de revoir Jean-Pierre, de devoir parler en public, surtout si elle doit raconter ce qui s'est passé. Le président de la cour va donc relire ses déclarations avant d'interroger l'accusé sur ce qu'il a à en dire : les yeux baissés, il répète que la victime dit la vérité, que ça s'est bien déroulé comme elle l'a raconté.

Maxime a le regard noir et les trois ans d'instruction n'ont visiblement pas calmé sa colère. Quand il vient à la barre expliquer à la cour comment Noémie et toute sa famille avec elle ont vécu cette procédure, il le dit très fort à Jean-Pierre, en criant presque :

« Elle avait neuf ans au début, neuf ans !! Comment as-tu pu ?? On t'aimait bien… »

La voix de Maxime s'étrangle et il demande à pouvoir retourner s'asseoir.

Adèle nous parle de leur fille qui a développé des troubles alimentaires au début de la puberté : elle a eu des problèmes de poids, ce qui a aggravé son mal-être à l'école, elle qui s'y sentait déjà très angoissée. Elle nous raconte les cauchemars de Noémie ; elle nous décrit cette crise de sanglots lorsqu'au collège, lors d'un cours de sport où les enfants faisaient de la lutte, une camarade a malencontreusement effleuré son bas-ventre… Adèle nous dit qu'elle va moins mal mais pas encore bien, qu'elle a encore parfois besoin de parler à un psychologue. Il y a des périodes de mieux, puis les troubles du sommeil reviennent, comme en ce moment, à l'approche du procès… Sa voix se brise un peu lorsqu'elle nous parle de la Noémie d'avant, intrépide, sociable : à présent, elle a peur des gens.

Le président demande à Jean-Pierre s'il comprend ce que l'expert psychologue a expliqué concernant les symptômes de stress post-traumatique que présente Noémie, qui ne va pas très bien et dont on ne sait pas si elle ira parfaitement bien un jour : Jean-Pierre hoche la tête, oui il a compris, et il s'excuse. Oh, il sait que c'est pas suffisant explique-t-il, mais il ne peut rien faire d'autre alors… Il s'en veut, alors il le dit.

L'expert psychiatre qui l'a rencontré a parlé d'un affaiblissement des barrières morales : il le décrit comme frustre, mais capable d'éprouver et d'exprimer un sentiment de culpabilité qu'il qualifie d'authentique.

C'est vrai que le dossier est simple : il n'y a pas de place pour le doute, l'accusé ne cherche même pas à minimiser sa faute.

J'ai pourtant passé des heures à rédiger mes premières réquisitions, je veux être à la hauteur de l'enjeu. J'ai peur d'oublier de dire quelque chose d'important, j'ai peur de bafouiller ou de m'emmêler dans mon argumentation, j'ai peur de trop lire mes notes, j'ai peur de ne pas réussir à faire passer le bon message à la cour et au jury… Je me suis même entraînée chez moi.

« Madame l'avocat général, vous avez la parole pour vos réquisitions », dernière montée de stress et les jambes qui vacillent au moment de me lever, encore.

J'arrive rapidement à me détacher de mes notes : je garde un œil dessus uniquement pour ne pas perdre le fil de mon raisonnement et, très vite, mes mains cessent de trembler quand je tourne les pages.

J'explique qu'il ne me revient pas de parler de la victime, ce que son avocat vient de très bien faire, et que je représente la société tout entière, où il y a chacun d'entre nous et également Noémie et Jean-Pierre, qu'il serait bien trop facile de chercher à faire passer pour un monstre. J'expose en quoi les faits de viol, objets du procès, sont caractérisés. Je rappelle que ce premier contact avec la sexualité imposé par un adulte en qui elle avait confiance alors qu'elle était encore une enfant, Noémie devra faire avec, peut-être toute sa vie, et que ça, les remords sincères de Jean-Pierre n'y peuvent plus rien changer. J'insiste sur sa première condamnation, qui n'a pas suffi à lui faire prendre conscience de la gravité des faits ni de l'ampleur du traumatisme qu'il pouvait infliger : en tant qu'avocat général, je ne peux que craindre qu'à l'avenir il fasse de nouvelles victimes et qu'il m'est impossible de l'envisager, qu'il faut que ça s'arrête, à tout prix.

Je développe mes arguments et je vois les jurés m'écouter avec beaucoup d'attention. J'essaie d'employer des mots simples et de ne pas parler trop vite. Je demande à la cour de condamner l'accusé à douze années de réclusion criminelle et cinq années de suivi socio-judiciaire[8].

Je souffle un peu en me rasseyant et en écoutant la défense parler de Jean-Pierre et de la solitude qui l'écrasait : il essaie de faire connaître son client autrement que par le prisme des faits qu'il a commis, et y réussit d'ailleurs plutôt bien. Il ne cherche pas à excuser son passage à l'acte, juste à démontrer que son client ne se résume pas au crime qu'il a commis.

Jean-Pierre se lève lorsque la parole lui est donnée en dernier : il demande à nouveau pardon et « espère que Noémie pourra oublier un jour ».

Tard en fin de journée, il est condamné à la peine requise, douze années de réclusion et cinq années de suivi socio-judiciaire à sa sortie de détention. Il n'a pas de réaction particulière et ne formera pas appel de cette condamnation.

8. Peine consistant en un suivi médical renforcé sous le contrôle du juge d'application des peines.

EN SILENCE

Audience correctionnelle, je représente l'accusation ; je suis substitut du procureur et en charge des mineurs depuis quelques années.

Sur le banc non loin de moi, à la place réservée aux victimes, Marie, à peu près vingt ans. Depuis longtemps, elle a des problèmes de poids qu'elle essaie de masquer en portant des vêtements très larges qui l'engloutissent. Ses cheveux rouges lui tombent devant les yeux ; son maquillage très prononcé attire le regard, comme ses bijoux imposants. Ses lourds bracelets argentés s'entrechoquent à ses poignets pendant qu'elle se tord les mains en levant des yeux ravagés vers le tribunal.

Elle est aujourd'hui partie civile. Elle accuse son beau-père, Louis, de lui avoir imposé des agressions sexuelles pendant plusieurs années, entre ses huit et ses treize ans. Les faits se sont répétés, fréquemment, dès lors que le reste de la famille s'absentait du domicile… Elle n'en a pas parlé tout de suite. Après son départ de la maison, elle est allée au commissariat et a dénoncé ce qui lui était arrivé. Elle est soutenue par une association d'aide aux victimes que le procureur de la République a désignée pour être présente à ses côtés au cours de la procédure, et assistée d'une avocate qui intervient rarement au pénal, que j'ai parfois vue plaider en partie civile.

À part cette dernière et la juriste de l'association, Marie est seule aujourd'hui : après sa plainte, sa mère ne l'a pas crue et a pris fait et cause pour son compagnon, le mis en cause. Ses frères ont fait de même, et toute la famille lui a donc tourné le dos. Elle est devenue le mauvais objet, une pestiférée. Plus aucun des siens ne lui adresse la parole. Ils sont tous là, en rangs serrés, de l'autre côté de la salle, pour le soutenir, Lui.

Louis conteste. Depuis le premier jour, il nie fermement et il s'insurge. Considérant que l'attaque est la meilleure des défenses, il la charge et l'accuse de tous les maux : elle ment, a toujours été une manipulatrice, n'a jamais digéré qu'il entre dans la vie de sa mère et qu'il remplace son père, qui est parti alors que Marie était toute petite et dont elle n'a plus jamais eu de nouvelles. Elle n'a, selon lui, jamais accepté son autorité.

Les enquêteurs, sous l'égide du procureur puis d'un juge d'instruction, ont beaucoup et bien travaillé, et ont récolté des éléments qui viennent étayer les accusations de Marie. Après étude du dossier, je me suis forgé une conviction : cette gamine ostracisée, je suis convaincue qu'elle dit la vérité, et je veux que justice lui soit rendue.

Le président du tribunal a des décennies de droit pénal derrière lui, et est rompu à l'exercice. Il connaît bien le dossier et son calme habituel, que rien ne paraît pouvoir perturber, est un atout. De manière très professionnelle et sans rien laisser voir de ce qu'il pense, il expose le résultat de l'enquête et interroge le prévenu sur les charges qui ont justifié la décision du juge d'instruction de le renvoyer devant le tribunal correctionnel.

Comment explique-t-il les déclarations constantes de la victime qui, depuis plus de deux ans, l'accuse des mêmes faits et fait preuve, quand elle les raconte, d'une manière constante d'un mal-être manifeste ?

Le prévenu explose, une simulatrice, elle a toujours aimé jouer la comédie, et c'est loin d'être la première fois qu'elle est prise en flagrant délit de mensonge !!

Mais ces confidences, anciennes, faites sous le sceau du secret, à des proches de la plaignante, et ce bien avant le dépôt de plainte ?

Rien du tout, ce ne sont que des racontars, et en aucun cas des preuves. C'est quand même un comble qu'il doive, LUI, venir expliquer ces rumeurs et accusations mensongères...

Le président insiste : la victime a fourni aux enquêteurs son journal intime. Des cahiers remplis d'une écriture ronde, que Marie tenait déjà sur une partie de la période durant laquelle elle explique avoir subi les faits dénoncés et dans lesquels elle raconte, jour après jour, ce qu'il lui faisait, avec ses termes d'enfant puis de toute jeune adolescente, des termes crus, des termes choquants dans la bouche d'une fillette aussi jeune. Ce qu'elle raconte dans ce journal n'est rien de moins ni rien de plus que ce qu'elle a décrit aux policiers lorsqu'elle a déposé plainte, puis tout au long de la procédure...

Louis lève les yeux au ciel et, sûr de son fait, rappelle que ces cahiers, rien ne prouve qu'elle les tenait à l'époque, elle est bien capable de les avoir écrits plus tard... Et quand bien même, ça ne prouve rien, c'est parole contre parole.

Le président rappelle également les témoignages de plusieurs jeunes filles de l'entourage de Louis, qui ont décrit des remarques d'ordre sexuel, voire des comportements déplacés de sa part, des propos grivois et insistants, des mains qui traînaient quand personne n'était là pour les voir... Jamais suffisamment pour qu'elles s'en plaignent officiellement, pensant avoir peut-être mal compris, voulant croire à un malentendu, mais bien assez pour qu'elles se sentent mal à l'aise en présence de l'intéressé, et qu'elles l'évitent.

« Monsieur le Président, affirme Louis sur un ton ironique, comme par hasard ce ne sont que des copines de la plaignante... C'est un cas de concertation entre elles assez visible, la ficelle est assez grossière, je trouve. »

J'ai pris connaissance de l'intégralité de la procédure, et les arguments de Louis tombent à plat. Personne ne peut sérieusement croire que ces dizaines de pages reprenant chronologiquement les faits que Marie dit avoir subis, douloureusement égrenés au jour le jour, aient été écrites a posteriori : elle y parle aussi de ses chagrins d'écolière, de ses préoccupations et jeux de l'époque, leur authenticité apparaît difficilement contestable.

Quant aux témoignages des prétendues conspiratrices, certaines d'entre elles n'avaient pas revu Marie depuis des années au moment de leur audition : la théorie du complot ne tient pas.

Le président n'insiste pas et prend note des réponses de Louis, dont il était évident, au vu de son positionnement tout au long de la procédure, qu'il se défendrait bec et ongles : c'est le contraire qui aurait été étonnant.

À chacune de ses explications, on entend des murmures d'approbation à peine étouffés, en provenance de l'autre côté de la salle, de la mère et des frères de Marie qui se félicitent de ces répliques percutantes, et je devine combien ces chuchotements enthousiastes doivent lui faire plus mal encore que les dénégations de celui qu'elle accuse. Elle a la tête baissée pendant tout l'interrogatoire de son beau-père, ses cheveux faisant comme un rideau qui lui cache le visage…

Je vois la mère de Marie hocher vigoureusement la tête quand Louis clame que Marie leur a TOUJOURS pourri la vie depuis qu'elle est enfant, et que ça a été, finalement, un soulagement pour tout le monde quand elle a quitté la maison. Il le martèle, elle ment, c'est une vengeance : elle n'est pas crédible un instant. Répondant aux questions de son conseil, il met en exergue sa propre existence, rangée, insérée, dans le droit chemin, et la sienne, à ELLE… Il ne la nomme pas, c'est Elle, Elle et sa vie dissolue, ses frasques, son instabilité… L'avocate de Louis, rompue au procès correctionnel et que j'ai toujours vue rendre coup pour coup à l'audience, entend dès à présent bien opposer son client, qui de toute évidence est un homme honorable, à son accusatrice, dont les difficultés personnelles fragilisent selon elle le discours.

À la demande du président, il va se rasseoir sur le banc des prévenus, manifestement assez satisfait de sa prestation, bombant un peu le torse. Sa compagne, sur le banc juste derrière, pose une main rassurante sur son épaule.

Marie est invitée à se lever et à s'avancer. Son avocate se met derrière elle pour faire barrage entre sa cliente et Louis. La jeune femme s'accroche à la barre, inspire un grand coup… Et répète ce qu'elle a toujours dit, devant le policer qui a pris sa plainte, devant les deux experts psychologues qu'elle a dû rencontrer (un pendant l'enquête, un pendant l'information), devant le juge d'instruction en audition de partie civile, puis en confrontation…

Elle décrit les mêmes scènes, les mêmes injonctions et le chantage au silence. Elle explique comment il mettait dans la balance l'amour et le bien-être de sa mère, qui se retrouverait toute seule si elle parlait car il serait alors obligé de partir comme son père à l'époque, et de les abandonner, lui aussi… Il lui serinait « personne ne te croira », en boucle, et elle pensait que c'était vrai… Marie glisse d'une voix étranglée que là-dessus, il avait bien raison, car personne ne la croit, encore aujourd'hui. Elle raconte comme c'était dur pendant les faits, comme elle avait peur quand ils se retrouvaient seuls tous les deux parce qu'alors « ça » arrivait à chaque fois… Elle explique qu'au début elle ne comprenait pas trop, mais ressentait que ce n'était pas normal, ces gestes, pas bien, la preuve, il fallait garder ça secret ; au fur et à mesure elle a compris et, oh comme elle a eu honte, comme elle se sentait sale… Elle avait l'impression de trahir sa mère et, à la fois, si elle disait quoi que ce soit… la famille exploserait. Alors elle n'a pas parlé, jusqu'au jour où elle s'est sentie si mal qu'elle s'est tailladé les veines du bras avec un couteau. Elle n'a pas risqué sa vie, mais avec le recul c'était sans doute, pense-t-elle, un appel au secours, un signal pour que sa mère comprenne combien elle était malheureuse, et pour que Louis arrête.

Et ça a marché, tout le monde a eu très peur, au collège et chez elle ; un suivi éducatif a été mis en place, avec une dame qui venait régulièrement à la maison voir si tout allait bien. Elle est devenue une petite princesse pourrie gâtée après : Louis ne l'a plus jamais touchée et l'a couverte de cadeaux… Pour se faire pardonner ou pour acheter son silence ?

Marie est partie tôt de la maison, dès qu'elle a été en âge de faire des études un peu loin de la famille, dans laquelle elle ne se sentait pas à sa place. Elle les a ratées, ces études. Comme tout ce qu'elle entreprend, en fait. Marie explique qu'elle devait en parler, car elle avait l'impression d'étouffer et elle dit qu'elle le regrette, ce jour où elle a poussé les portes du commissariat et patienté plus de deux heures pour voir un enquêteur. Elle a hésité pendant toute cette attente, manquant partir plusieurs fois, et aujourd'hui, elle se dit qu'elle aurait dû…

Elle a toujours ce sentiment de tourner en boucle et de ne pas réussir à se sortir de ce qu'elle a vécu, mais maintenant, en plus, elle est complètement seule. Sa mère lui a tourné le dos et n'a plus jamais pris contact avec elle, sauf pour lui enjoindre au début de la procédure d'enfin avouer ses mensonges et de retirer sa plainte.

On entendrait une mouche voler dans la salle. Quand elle a terminé, le président lui pose quelques questions puis son avocate, sur sa situation actuelle.

Je n'ai pour ma part pas de questions, mais je me suis crispée car je m'attends à ce qui va suivre : la défense ne va pas faire de cadeaux à Marie.

En effet, ça attaque fort : l'avocate de Louis commence à la bombarder d'interrogations. Elle lui parle de ses fugues à répétition, de ses consommations de toxiques qui ont commencé dès le début de son adolescence. Elle aborde ses troubles alimentaires, également quand elle était très jeune, et elle met tous ces symptômes non pas en lien avec les agressions sexuelles imaginaires que son client aurait perpétrées mais avec l'abandon de Marie par son père alors qu'elle était presque bébé, qu'elle n'a jamais digéré. La jeune femme encaisse et s'accroche à la barre, elle répond par monosyllabes. La défense porte le coup de grâce :

« À quel âge avez-vous eu votre premier rapport sexuel ?

– Treize ans, répond Marie d'une voix blanche.

– C'est jeune, très jeune… Et pour éviter tout malentendu ou sous-entendu, on est bien d'accord, ce n'était pas avec votre beau-père, n'est-ce pas ? »

Marie n'a pas fini de bredouiller une réponse que je me lève, bondissant de mon siège en aboyant pour appeler à un minimum de décence et de dignité, entraînant un échange d'invectives entre le conseil de Louis et moi dont les salles d'audience ont l'habitude. Le président rappelle au calme, mais le but est atteint : la pression est retombée, la défense n'a plus de questions et Marie peut aller se rasseoir, chancelante et livide.

Le conseil de Marie plaide pour elle avec sobriété, en n'empiétant pas sur le rôle de l'accusation. Elle décrit ce que vit sa cliente depuis ses huit ans, ce qu'elle ressent depuis son dépôt de plainte. Elle raconte la culpabilité, la honte, son incapacité à nouer des relations avec les autres, sentimentales et mêmes amicales, tant elle vit dans la peur que l'autre la trahisse même s'il est censé l'aimer ; elle décrit le sommeil qui la fuit, les troubles alimentaires et ce dégoût de son corps, la drogue qu'elle a parfois pu prendre pour anesthésier ces émotions dévorantes, en vain ; les difficultés scolaires, les échecs, cette certitude d'être nulle en tout… Et cette solitude qui l'accompagne, inlassablement.

Elle fait valoir des demandes financières en indiquant que les sommes réclamées ne répareront rien mais que le préjudice de Marie doit être reconnu.

C'est mon tour.

Je me lève et énumère les éléments qui, selon moi, permettent de caractériser les faits aujourd'hui reprochés à Louis : je reconnais n'avoir aucune preuve formelle, mais je rappelle que dans ces histoires d'inceste qui se jouent dans le huis clos des familles il n'y en a pour ainsi dire jamais. Dans ces procédures-là, il n'y a jamais ou si rarement de témoin direct, d'ADN, de vidéo, de preuves médico-légales… Comme souvent dans ces dossiers, l'intime conviction se fonde sur un faisceau de présomptions, un ensemble de charges qui, rassemblées, font sens et permettent de se convaincre, comme ici elles me l'ont permis, de la culpabilité du prévenu.

Ces éléments sont ici nombreux : le journal intime qui décrit les faits de la même manière que l'a fait Marie, de manière constante, dans ses nombreuses auditions ; l'effondrement de ses résultats scolaires à l'âge des faits allégués ; les fugues dès dix ans ; les troubles du comportement divers que la défense a beau jeu de mettre en lien avec la disparition du père de Marie qui jusqu'à ses huit ans ne présentait aucune difficulté, et qui s'expliquent en revanche parfaitement bien par la réalité des faits qu'elle dénonce inlassablement… Je rappelle que ces troubles du comportement se poursuivent aujourd'hui, les scarifications, les troubles alimentaires et du sommeil, les reviviscences, les crises d'angoisse, les troubles de la sexualité, tous ces symptômes qui sont le cortège habituel des difficultés que présentent les victimes de faits à caractère sexuel. Je souligne que les expertises psychologiques de la partie civile ont souligné l'authenticité de son discours et la réalité du syndrome de stress post-traumatique dont elle souffre.

Je fulmine que ces boulets qu'elle traîne à ses pieds, Marie se les voit aujourd'hui reprocher comme preuve de son instabilité, comme démonstration de son mensonge, alors qu'ils ne sont que la conséquence de ce qu'un adulte en qui elle avait confiance lui a fait subir, en lui imposant le silence. J'enrage de la voir seule aujourd'hui et je lui dis qu'elle ne l'est pas, que c'est faux que personne ne la croit. Je lui dis qu'elle n'est plus cette enfant de huit ans qui ne pouvait pas se défendre et était forcée de se taire, qu'elle a déjà commencé à s'en tirer et qu'elle ne doit pas regretter d'avoir parlé.

Je ne sais pas si elle m'écoute, car Marie a la tête baissée ; les discrets mouvements de ses épaules me laissent penser qu'elle pleure, sans bruit.

Je demande au tribunal de condamner Louis, fermement, de faire que la honte change de camp, enfin, aujourd'hui, et que Marie puisse relever la tête. Je requiers six années d'emprisonnement avec mandat de dépôt, j'explique la sévérité de cette peine et je me rassois.

La défense plaide et cherche à mettre à mal la version de Marie, parce que tel est son rôle et que le positionnement du prévenu ne laisse la place à aucune autre stratégie : l'avocate de Louis se donne du mal et rappelle avec force que le moindre doute doit aboutir à la relaxe du prévenu, et que le dossier ne permet pas de se forger une conviction dans le sens de la culpabilité.

Tard dans la soirée, Louis est condamné à cinq ans d'emprisonnement avec mandat de dépôt. Sa compagne hurle, maudit sa fille et prévient d'un appel, qui ne viendra pourtant jamais.

Alors que Louis sort de la salle, menotté, sa famille le suivant pour l'étreindre dans un dernier au revoir, Marie me regarde et articule un merci, en silence, encore.

ENVERS ET CONTRE TOUT

J'ai quelques sessions d'assises au compteur lorsqu'arrive le jour où je dois aller représenter l'accusation dans le cadre du procès de Romain. Je connais bien le dossier et je sais que les jours à venir vont être difficiles : parce que l'avocat de l'accusé est adepte d'une défense agressive, faisant de chaque audience un combat ; parce que la culpabilité est fermement contestée ; et parce que les faits sont abjects. Au matin de la première journée, en m'installant à la place de l'avocat général, je pressens déjà la tension qui va régner tout au long des débats alors que les différents conseils viennent me saluer.

Les faits de meurtre aggravé qui vont être jugés remontent à plus de trois ans : l'instruction a un peu traîné en longueur du fait des changements de position du mis en examen qui ont nécessité de nouvelles investigations, mais également à cause de la mutation du premier juge saisi, son poste étant resté vacant plusieurs mois.

Malgré le temps passé, les gens n'ont pas oublié cette affaire qui a marqué les esprits ; la salle est comble…

C'était une soirée brûlante en plein cœur de l'été, un soir de fête de village où l'alcool coule à flots et où les gendarmes doivent intervenir pour calmer les esprits échauffés.

Après avoir quitté les festivités, sur le chemin le menant à son domicile, Romain s'est introduit dans le logement de Maryse, quatre-vingt-neuf ans. Elle habitait en rez-de-jardin et il n'a eu qu'à enjamber la petite palissade séparant son jardinet de la rue et à pousser la baie vitrée restée entrouverte, sans doute en espérant qu'un peu d'air rafraîchisse l'appartement dans la nuit… La vieille dame ne dormait pas encore. Elle regardait la télévision, très fort, elle n'entendait plus très bien…

Ce qui s'est passé après, seul Romain le sait. Le juge d'instruction et les enquêteurs n'ont pu qu'opérer des déductions au vu des constatations réalisées sur place. Tout y est fracassé, il ne reste pas grand-chose du petit meublé coquet de Maryse : les fragiles bibelots sont brisés au sol, les étagères sont renversées… Au milieu de ce désastre gît le corps de la victime ; lui aussi est dévasté. Elle a été frappée à coups de poing, à coups de pied, et à l'aide d'une lame tranchante, identifiée plus tard comme un cutter… La longue litanie de ce qu'a subi Maryse ressort du rapport d'autopsie qui énumère la liste interminable de ses lésions, de ses plaies, de ses ecchymoses, dont le détail n'apporterait rien ici sauf à préciser que lorsqu'elle s'est vu infliger une partie de ces blessures elle s'était déjà éteinte, seul élément dont on peut tirer un – dérisoire – soulagement. Pour le reste, la lecture des conclusions du médecin légiste laisse un sentiment de vertige, la vue des photographies de dégoût.

Je connais bien le dossier depuis ses origines : j'étais là lors des premières constatations sur la scène de crime, terrifiante, et j'ai suivi l'instruction.

L'accusé conteste être l'auteur du meurtre, mais ses dénégations se heurtent à la réalité du dossier, où tout, absolument tout, mène à lui : les objets sans valeur dérobés chez Maryse et éparpillés entre le lieu des faits et son domicile, certains y ayant été retrouvés ; son ADN, l'empreinte de ses chaussures, ses empreintes digitales sur la scène de crime ; les traces du sang de la victime sous la semelle de ses baskets… Plusieurs témoins le décrivent juste avant les faits à proximité de l'appartement de Maryse, alcoolisé et sous l'emprise de stupéfiants, et d'autres l'ont vu rentrant chez lui et portant des marques de sang sur ses mains, son visage et ses vêtements.

Romain a été placé en garde à vue et, dans un premier temps, a reconnu les faits de manière circonstanciée et dans des termes corroborant les constatations des enquêteurs. Il a décrit par le menu les innombrables violences infligées à la victime, allant jusqu'à mimer certains gestes alors qu'on ne lui en demandait pas tant…

Plus tard, devant le juge d'instruction, Romain est revenu sur cette version. Son conseil a essayé de faire annuler la garde à vue au cours de laquelle il avait été si prolixe sur le déroulement du meurtre, mais en vain : ces aveux qui gênent tant l'accusé figurent donc toujours au dossier.

L'audience débute et, très vite, le président de la cour d'assises demande à Romain quelle est sa position sur les faits reprochés : avec force, l'accusé maintient sa dernière version, ce n'est pas lui, ça ne peut pas être lui. Bien forcé de reconnaître sa présence sur les lieux au vu de la présence de marques tangibles de son passage, il admet du bout des lèvres qu'il devait être là, mais il n'était pas seul, c'est impossible, ces violences, tout ce sang et la mort, cet acharnement sans nom sur cette petite mamie qu'il ne connaissait même pas, ce n'est pas lui, pourquoi aurait-il fait ça ?

Romain est très jeune : il avait dix-huit ans et quelques mois au moment des faits et, malgré près de trois ans de détention, il n'en paraît guère plus aujourd'hui. Il est beau, bien habillé et très poli : sa présentation en début d'audience rend très difficile de l'imaginer commettre le meurtre dont il est accusé, que le président commence à résumer.

Très rapidement, le conseil de Romain s'agace et critique les conditions de garde à vue de son client, et enjoint au président de ne pas y faire référence. Ce dernier tente de calmer les choses, mais sans succès : la défense s'insurge, crie à la pression des enquêteurs. Il prétend que l'accusé s'est vu imposer le visionnage exhaustif de l'ensemble des photographies du corps de la victime, notamment au cours de l'autopsie, ce qui est factuellement inexact ; il parle de chantage, de manipulation pour lui extorquer des aveux... Il en fait beaucoup pour impressionner le jury, il s'indigne, il en appelle à la Convention européenne des droits de l'homme...

Il oublie de préciser le point juridique essentiel, à savoir que la conformité à la loi de cette mesure de garde à vue a déjà été examinée au cours de l'instruction, qu'elle a été jugée régulière et qu'il n'est donc plus possible de venir la contester à ce stade de la procédure. Le président tarde, me semble-t-il, à le lui faire remarquer, sans aucun doute pour ne pas nuire à la sérénité des débats... Je finis donc par bondir de mon siège pour indiquer que je suis très impressionnée par la parfaite connaissance du droit européen de mon adversaire, mais que cela ne le dispense pas de la lecture du Code de procédure pénale. J'en profite pour rappeler que pour des raisons que la défense semble juger anecdotiques, à savoir la simple application du droit, il n'est plus possible d'écarter des débats les aveux formulés en garde à vue.

L'ambiance est très tendue, la défense m'éprouve et en profite pour tester le président, qui en appelle fermement au calme et reprend le cours de l'audience.

Les uns après les autres, les témoins et les experts défilent à la barre.

Romain est mis face à ses contradictions, par la présidence et le conseil des parties civiles un peu, par moi aussi. Je pose beaucoup de questions précises sur le déroulement de la soirée, avant les faits, après les faits, je reviens sur les détails donnés en garde à vue qu'en réalité seul le meurtrier pouvait connaître... L'accusé commence à s'agacer.

Si dans les premières heures de son procès il est apparu calme, posé, le vernis commence à craqueler. Il me fixe d'un regard noir, le corps tendu comme un arc ; il aboie plus qu'il ne répond, se montre de plus en plus provocateur et flirte avec la limite… Son conseil sent venir l'incident et m'interrompt pour l'éviter, déclenchant une nouvelle passe d'armes entre lui et moi.

L'ambiance est lourde et la décision du président de faire circuler les photos du corps de Maryse parmi les jurés finit d'installer le malaise. Je perçois les regards en coin de certains jurés en direction de Romain, bien qu'ils se donnent beaucoup de mal pour ne rien laisser paraître. L'accusé a senti l'audience basculer : penché, la tête entre les mains, je ne sens plus de colère émaner de lui, mais du désespoir…

La mère de Romain s'avance à la barre. Elle le décrit enfant, câlin, rieur, turbulent… Elle raconte qu'il a très mal vécu le divorce de ses parents ; il était très en colère contre elle qui était à l'origine de la décision de séparation. Elle explique avoir dû aller le chercher au commissariat après quelques petits délits commis dans l'adolescence, qu'il venait en fait de quitter au moment des faits. Sur question du président, elle indique qu'elle ne l'a jamais vu être violent ou agressif… Elle ne comprend pas pourquoi il est ici, jugé pour de tels faits. Il en parle très peu, mais elle a vu dans le journal, elle a lu certains détails, ça ne se peut pas… Sa voix s'étrangle et, quand elle le regarde, je perçois l'immensité de son amour et de sa tristesse. Les mains crispées sur la barre, elle lui murmure de dire la vérité…

« Je peux pas… »

C'est plus un souffle qu'autre chose que j'entends sortir du box ; Romain est livide et retient ses larmes. Chacun est suspendu à cet échange de regards, qu'il finit par rompre.

Le père de l'accusé puis sa sœur suivent et dressent de lui le même portrait, celui d'un jeune homme que la cour n'a évidemment pas pu voir, un clown, un adolescent sensible qui a pleuré de joie à la naissance de son neveu qu'il adorait et dont il s'occupait beaucoup. On ressent le même sentiment d'incrédulité chez tous ses proches : comment en est-on arrivés là, à parler de Romain devant une cour qui juge les criminels ?

L'accusé qui me bravait il y a deux heures est recroquevillé dans son box, les yeux brillants et les mâchoires crispées.

Le président suspend l'audience et, à la reprise, c'est à Claudine et Murielle, les sœurs de Maryse, de prendre la parole chacune leur tour.

Deux vieilles dames, mise en pli, robes presque trop élégantes pour l'occasion. Elles parlent de la victime, leur grande sœur. Elle était protectrice envers elles. Elle avait été couturière et c'était sa grande tristesse depuis quelques années : elle ne pouvait plus coudre car elle n'y voyait plus assez bien. Elle n'avait pas eu d'enfants : elle avait aimé un homme marié, très longtemps, et quand il était mort, elle s'était retrouvée seule. Elle vivait une retraite tranquille, entre son petit appartement avec jardinet attenant, des emplettes en ville, des visites de la famille ou des amis... Elle n'avait aucun ennemi, elle n'avait jamais fait de mal à quiconque... Elles ne comprennent juste pas pourquoi, Maryse ne possédait rien de valeur à dérober, et toute cette violence ?

L'émotion, qui était palpable chez Romain lors des auditions de sa famille, a disparu : il a de nouveau le regard dur. Alors que Murielle l'apostrophe en lui disant qu'elle a besoin de comprendre, de savoir pourquoi, il aboie de nouveau et lui enjoint de ne pas lui demander de reconnaître ce qu'il n'a pas fait, ce n'est pas lui, il n'en sait rien, il se rend bien compte qu'il fait pour tout le monde un très bon coupable...

Je ne sais pas si Romain ment consciemment ou s'il est parvenu à se persuader qu'il n'a pas donné la mort à Maryse : peut-être est-ce beaucoup trop dur de s'en reconnaître capable ou est-ce juste insupportable de renvoyer cette image à ceux qu'il aime... En tout cas, il n'en démord pas, peu importe la méthode employée par les différents protagonistes du procès pour lui faire prendre conscience de l'incohérence de ses explications, la douceur, l'autorité... Envers et contre tout, il s'obstine à marteler que, malgré toutes les preuves, malgré tous les indices, ce n'est pas lui, ça ne peut PAS être lui.

L'audience se termine sans réponse.

Après la plaidoirie de l'avocat des parties civiles qui rend hommage à Maryse et permet de s'en faire une idée autre que celle qui ressort des tristes photos présentes au dossier, je me lève pour prendre mes réquisitions.

J'énumère les éléments qui m'ont permis de me forger une conviction dans le sens de la culpabilité de l'accusé : ils sont en l'espèce nombreux et je demande par conséquent à la cour de rentrer en voie de condamnation.

Je dis aussi que je suis en colère, en colère de ce meurtre, en colère de toute cette souffrance, celle de Maryse, celle de ses sœurs, celles de la famille de Romain, tous ceux qui restent et vont devoir faire avec. J'indique toutefois à la cour d'assises que la colère ne doit pas la submerger, que ce n'est pas elle qui devra la guider tout à l'heure dans la salle des délibérés. Je déplore que le crime de Romain l'ait éloigné de la société et que son procès ne lui ait pas permis de s'en rapprocher, car lui aussi, il est encore bien trop en colère pour y parvenir. Pour autant, je rappelle qu'il en fait toujours partie, qu'il avait dix-huit ans au moment des faits et qu'un jour, il devra revenir parmi ses semblables. Il encourt la réclusion criminelle à perpétuité, mais j'explique pourquoi je ne requiers pas cette peine maximale.

Je demande à la cour de condamner Romain à la peine de trente années de réclusion : c'est la première fois de ma carrière que je réclame une peine aussi lourde.

Au bout de quarante-cinq minutes de réquisitions, je suis soulagée en me rasseyant, comme à chaque fois aux assises. Je suis également un peu triste. Ce n'est jamais de gaieté de cœur qu'on demande à ce qu'un jeune homme de vingt et un ans soit écarté du monde pendant trente ans, même si ce qu'il a fait est innommable, et même si je pense que cette peine est juste et méritée.

La défense entre en scène et cherche à instiller le doute dans l'esprit de la cour et des jurés. Le conseil de Romain critique l'enquête, ses partis pris, il charge mon manque d'impartialité et mon excès de certitudes… Il tente d'introduire l'idée d'une autre personne présente sur les lieux, que les investigations n'auraient pas permis d'identifier… De temps en temps, tandis que son avocat plaide, je regarde Romain. Il semble ailleurs. Ses derniers mots sont des excuses à l'intention de ses proches qui se trouvent dans cette enceinte où ils n'ont rien à faire. Il regrette de ne pas avoir été à la hauteur de ce qu'ils attendaient de lui et il espère qu'ils lui pardonneront, un jour.

Il n'a pas un mot pour Maryse.

Il sera condamné à vingt-six années de réclusion criminelle après trois heures de délibéré. Il ne formera pas appel de cette condamnation.

K.-O. DIRECT

Il est largement plus d'une heure du matin lorsque le téléphone de permanence sonne et que je tâtonne sur la table de nuit pour parvenir à m'en saisir et à décrocher avant que le bruit réveille mon compagnon. C'est d'une voix éraillée que je réponds en m'extirpant du lit ; les premiers mots du compte-rendu me font l'effet d'une douche froide et dissipent immédiatement les dernières brumes du sommeil qui m'entourent : il y a un mort, et c'est criminel.

La suite, tous les parquetiers la connaissent : il y a urgence, donc je pare au plus pressé, m'habiller rapidement tout en appelant le procureur pour le prévenir que je me déplace sur les lieux. On oublie toute idée de coquetterie cette nuit : il fait froid et il pleut à verse, donc j'empile plusieurs couches de vêtements, je relève mes cheveux et je m'asperge le visage d'eau fraîche, cela suffira. Je programme le GPS : quarante-cinq minutes de route, c'est parti.

Le vent et les trombes d'eau fouettent ma toute petite voiture, je vais un peu vite mais pas trop… Sur place, je me range entre les innombrables véhicules de gendarmerie présents ; les enquêteurs de la brigade des recherches locale viennent à ma rencontre. Au vu des fortes bourrasques, je renonce au parapluie et je me rapproche tandis que le major qui va prendre la direction d'enquête m'explique la situation. Bien sûr, la victime est restée à la même place après le départ des secours, qui n'ont rien pu faire. Le corps est juste protégé par une bâche en attendant l'arrivée du médecin légiste. Il est en position allongée sur la pelouse devant une petite maison : du coin de l'œil, je note la présence d'une femme en pleurs sous le porche. La compagne du défunt, Marie, m'indique le major ; je prends note de l'hématome qu'on devine autour de l'œil droit et de la lèvre fendue.

C'est un voisin qui a appelé les gendarmes : il a entendu des éclats de voix et a donc regardé par la fenêtre. Il a vu Denis qui habite en face en train de se disputer avec un homme plus grand et bien plus costaud que lui, qui lui hurlait dessus et a fini par lui mettre trois coups de poing au visage. Denis s'est effondré comme une masse, K.-O. direct. Son agresseur a immédiatement quitté les lieux.

L'attente commence. Je suis trempée, mes bottes à clous pataugent dans l'herbe détrempée à quelques mètres d'un homme mort, je grelotte…

« Ça va, Madame le Procureur ? »

Je hoche la tête :

« Ça roule, merci, Major. »

Ce n'est pas le moment de chouiner : on a un travail à faire et, mis à part les conditions climatiques, j'ai connu pire comme scène de crime, et le major sans aucun doute bien pire encore. Cela fait plus d'une heure qu'on patiente lorsque le médecin légiste arrive sur site pour effectuer la levée de corps, préalable indispensable avant toute modification de la scène. Les gendarmes soulèvent la bâche : je visualise un homme allongé sur le dos, quarante-cinq ans, m'indique l'enquêteur, même si je lui en donne dix de plus, émacié, portant des traces de coups au visage. Le décès est récent et la mort ne s'est pas encore saisie du corps : on dirait presque qu'il dort.

Le légiste fait les constatations d'usage, relève la présence de lésions au niveau de la face et, bien sûr, réserve ses conclusions aux résultats de l'autopsie à venir. Les pompes funèbres averties par la gendarmerie, déjà en attente depuis un long moment, accomplissent leur ballet macabre et emportent le corps de Denis.

Je confirme la saisie de la brigade de recherches à qui je ne donne pas d'instructions particulières : le directeur d'enquêteur est très fiable et sait parfaitement ce qu'il a à faire.

Il est plus de cinq heures quand je rentre à mon domicile, trop tard pour me recoucher. Une douche brûlante, je me maquille beaucoup pour camoufler mes beaux cernes, je m'habille bien chaudement et je bois autant de café qu'il va m'être nécessaire pour venir à bout de cette journée qui s'annonce longue. Je somnole quelques instants devant les informations télévisées et décide plutôt d'aller au bureau.

Très vite dans la matinée, j'ai les premières nouvelles de l'enquête ; les gendarmes avancent vite et ont identifié l'auteur des coups : il s'agit de Damien, vingt-deux ans, le fils de Marie. Il est interpellé à son domicile et placé en garde à vue pour violences volontaires ayant entraîné la mort sans intention de la donner, conformément à mes indications.

Très vite et d'une voix blanche, il livre des aveux circonstanciés. Sa mère l'a appelé en fin de soirée, ivre, en pleurs, se plaignant d'avoir subi des violences de la part de Denis, son conjoint. Damien connaît déjà la musique… Pour raconter comment il en est venu à porter ces trois coups de poing en pleine face à la victime, comme des coups de massue, il doit d'abord raconter sa mère.

Marie boit, enfin se noie dans l'alcool, depuis aussi longtemps que Damien peut s'en souvenir. Depuis tout aussi longtemps, elle n'a jamais su gérer le casting des hommes qu'elle fait entrer dans sa vie et, dès son plus jeune âge, il a connu la violence de ses « beaux-papas » sur Marie, sur lui, sur eux deux… Très souvent, elle les a choisis eux plutôt que lui : il a donc connu les taties, les placements, les week-ends apocalyptiques à voir sa mère se détruire à petit feu, seule, ou plus vite, à deux.

Damien a grandi, et pas qu'un peu me précise l'OPJ[9] en charge de sa garde à vue : un bon mètre quatre-vingt-dix, un bloc de muscles, on comprend aisément que Denis n'ait pas fait le poids la nuit dernière : il n'avait aucune chance.

Le temps passant, le suspect s'est souvent interposé entre Marie et ses hommes, cherchant à la protéger, en faisant parfois fuir certains à coups de poing : je consulte son casier judiciaire et je fronce les sourcils, il a déjà été condamné pour violences aggravées, et ce, à plusieurs reprises.

Porter des coups, en recevoir, ça ne lui fait plus peur à Damien : le directeur d'enquête m'indique qu'il fait de la boxe à un niveau honorable ; je ne peux que repenser au témoignage du voisin, « K.-O. direct »…

Damien a rencontré une jeune femme, ils ont emménagé ensemble et ils s'aiment. Elle l'aide à prendre du recul : il s'est un peu éloigné de Marie et de ses histoires toxiques qui révèlent le pire en lui. Il a récemment compris que ça n'allait pas s'arranger avec Denis, le dernier élu du cœur de sa mère : pour ne pas changer, il boit, beaucoup, et ça le rend méchant comme une teigne…

Quand sa mère lui a téléphoné hier soir, Damien lui a conseillé d'appeler les gendarmes, mais elle a refusé, Denis a déjà été condamné et il irait en prison, elle a sangloté, elle a supplié, elle a dit qu'elle avait peur… Il a décidé d'aller la chercher, sous l'œil réprobateur de sa compagne, mais « c'est ma mère, je pouvais quand même pas la laisser ».

9. Officier de police judiciaire.

Sur place, Denis avait bu, bien sûr, il s'est montré provocateur et insultant, évidemment ; la lèvre fendue de sa mère, le sang au coin de la bouche, son œil gonflé... Damien a vu rouge et il a oublié sa douce compagne qui l'attendait à la maison, le sursis suspendu au-dessus de sa tête et le regard sévère du dernier juge qui l'a condamné notamment à s'occuper de ce problème d'impulsivité – ce qu'il fait d'ailleurs... Il n'a pas voulu penser au fait que Denis titube, qu'il doit être à près de trois grammes d'alcool dans le sang et que n'importe quel coup lui fera très, trop mal. Sa rage a d'un coup tout dominé, tout emporté : il s'est mis à hurler, son visage très près de celui d'un Denis goguenard bien trop embrumé pour avoir la moindre conscience de ce qui risquait de lui arriver s'il ne faisait pas profil bas. Il a ricané... Immédiatement, le poing de Damien s'est abattu sur son visage, un coup, deux, un uppercut... Puis plus rien, Denis s'est écroulé brutalement et n'a plus bougé.

Damien a immédiatement compris que c'était grave et est parti en trombe : il est rentré chez lui, il a tout dit à sa compagne et il lui a dit au revoir car il savait bien que, très vite, on viendrait le chercher et qu'il n'y aurait pas de retour, pas tout de suite, pas avant longtemps.

Quand je me rends à la brigade pour prolonger sa garde à vue, c'est d'une voix désincarnée que Damien me demande ce qu'il risque pour avoir donné la mort à Denis. Ses yeux s'écarquillent à peine quand je lui réponds que la peine encourue est de quinze années de réclusion.

Présenté à un juge d'instruction, Damien est placé en détention provisoire au vu de la gravité des conséquences de ses coups mais également, bien sûr, à cause de ses multiples antécédents de violences.

Je ne requerrai pas contre Damien aux assises : j'apprendrai juste que le banc des parties civiles était vide, personne n'étant venu pleurer Denis. La mère de Damien ne sera pas là au moment d'être auditionnée par la cour, qui sans nul doute prendra en compte le passé de l'accusé en le condamnant à une peine très clémente de cinq années d'emprisonnement, dont un an assorti d'un sursis avec mise à l'épreuve.

Des années après, de permanence à nouveau, j'aurai un pincement au cœur en voyant le nom de Damien dans mes gardés à vue du jour. Un coup d'œil sur le motif de l'interpellation, violences sur sa compagne : il avait vu rouge…

ALAIN

Quand on devient un bébé substitut, il faut se faire sa place au milieu de collègues tous plus expérimentés, de greffiers qui connaissent le fonctionnement de l'institution par cœur et d'enquêteurs. Être très jeune n'est forcément pas un avantage face à des OPJ habitués au fonctionnement de la permanence.

Au début, je leur demandais très souvent « et là, on fait comment d'habitude ? » ; ça ne m'inquiétait pas qu'ils pensent que j'avais des lacunes car très franchement, lorsqu'on débute, on a vraiment l'impression de ne pas savoir grand-chose. On connaît les lois, on connaît les documentations pédagogiques de l'ENM, mais les bonnes pratiques et les solutions concrètes aux problèmes qui se présentent au jour le jour, on doit très souvent les improviser ; très vite, on réalise que des années à la faculté de droit et deux ans et demi à l'école, ça ne vous rend pas très à l'aise sur le terrain, en tout cas bien moins que cet adjudant ou ce brigadier qui en sont à leur dix-septième version du Code de procédure pénale.

Apprendre à être un parquetier, c'est mettre les mains dans le cambouis et commettre des erreurs, c'est inévitable et ça vous apprend, outre une vigilance de tous les instants, à conserver beaucoup d'humilité. C'est aussi être aux côtés des services d'enquête, partager leur enthousiasme, leurs déceptions, cette ébullition quand ils préparent une grosse interpellation, leur satisfaction quand les investigations aboutissent…

Au fil des mois, j'ai appris à repérer les enquêteurs qui ne forçaient pas leur talent, les surinvestis, les tout feu tout flamme, les peu regardants sur la procédure, les allergiques à l'autorité, les froussards, les ouvreurs de parapluie, les sérieux, les fantaisistes, les vieilles 4L et les Rolls-Royce ... J'ai appris à crier plus fort que certains, à en rassurer d'autres, à dire que j'étais sûre que ma solution était la bonne et que je la prendrais sur moi (alors que je n'en étais pas sûre), à rouler des mécaniques devant les machos, à me méfier des filous et à m'appuyer sur les valeurs sûres...

Et parmi ces dernières, il y avait Alain.

Il connaissait le ressort par cœur, il y travaillait depuis longtemps ; il y avait officié dans plusieurs services. Il dirigeait une brigade des recherches : lui et moi, ça a collé tout de suite. Il avait une grande gueule et un cœur plus grand encore. Ses coups de sang masquaient mal sa grande sensibilité et je l'ai vu remué par des affaires comme je l'ai rarement observé chez d'autres enquêteurs. Il vivait ses dossiers à fond, défendait les membres de sa brigade à chaque réunion, quitte à se fâcher très fort... Alain, vous l'adoriez ou vous ne le supportiez pas : moi j'adorais, sa hiérarchie beaucoup moins. Il ne cherchait ni à plaire ni à accommoder, encore moins à faire carrière, et tout en ayant intégré les codes de la gendarmerie, il n'était jamais parvenu à se taire quand il n'était pas d'accord, ce qui lui avait valu des clashs mémorables au fil des années.

Il n'avait pas besoin de surjouer l'autorité pour être un chef : il assurait la cohésion de son groupe par son enthousiasme et son charisme ainsi que par sa force de travail qui lui valait souvent la grimace à la maison, car il n'arrêtait jamais de penser et d'être gendarme, comme son père et son grand-père avant lui, comme son fils après.

Je me souviens d'une grand-messe avec tous les OPJ du ressort : le parquet dans sa quasi-intégralité s'était déplacé pour aller à leur rencontre, et ils étaient tous en uniforme bien repassé... Sauf Alain et son groupe, en civil et tout froissés, installés au fond de la salle, à l'arrache car ils revenaient de planque dans un gros dossier qu'on menait à l'époque et où on était en chasse : je savais qu'on allait y arriver, car c'était lui aux commandes et qu'il ne lâchait jamais rien avant d'avoir atteint son but.

Au fil des ans, on est devenus amis, on est passés au prénom et au tutoiement – en bon gendarme, il a eu du mal, mais il valait mieux de toute façon, il n'a jamais été capable d'écrire correctement mon nom de famille !

Je me souviens de tellement de fous rires, d'heures à débriefer des dossiers, de soirées où il se moquait de ma résistance à peu près nulle à l'alcool, de grands procès où je l'avais fait citer en tant que directeur d'enquête et où il m'impressionnait à chaque fois ; je me souviens de ses appels – « j'ai un dossier avec plusieurs dizaines de faits, dix chez nous, et tout le reste sur le ressort des tribunaux d'à côté, tu prends ? » : j'acceptais, car je savais qu'on allait juste s'éclater. Je me souviens aussi des déceptions, des gros ratages, des coups de mou à l'issue desquels on se motivait pour repartir à l'attaque…

Quand j'ai appris sa mutation très loin au soleil, tellement méritée, j'ai su que je perdais plus que mon OPJ fétiche, le seul qui ne se plaignait jamais, mais aussi un moteur, un confident et le seul à pouvoir me faire comprendre les saletés d'investigations en téléphonie.

Tu me manques, mon ami.

JALOUX

Aujourd'hui, c'est jour de reconstitution et aucun doute, on va faire nocturne : le début des opérations est prévu en toute fin de journée alors que la nuit est déjà tombée, pour correspondre aux conditions réelles de commission des faits. Je n'ai pas suivi le dossier depuis le début, mais la collègue qui s'en occupe est en vacances. J'ai bien travaillé la procédure qui porte sur un assassinat, ce qui mérite évidemment d'être bien au point en vue de cet acte d'instruction important.

Le soir venu, je me déplace sur site. J'appréhende un peu : le juge d'instruction est assez autoritaire, il peut facilement s'impatienter et devenir cassant ; la tension, déjà inévitable lors d'une reconstitution, peut alors rapidement monter.

Sur place, les services de police ont bloqué la circulation et interdit l'accès au périmètre : une partie des faits s'est déroulée sur la voie publique. Je me gare un peu plus loin et je finis à pied. Je salue les policiers, nombreux, le médecin légiste ainsi que mon collègue magistrat instructeur, sans chaleur particulière. On attend le mis en examen et les avocats. Les parties civiles ne sont pas convoquées, aucun proche du défunt n'était présent le jour des faits ; seul leur conseil sera présent. Le voici, suivi très vite par la défense. Le juge hasarde quelques banalités d'usage sur la météo, auxquelles je réponds poliment, mais globalement chacun reste dans son coin, luttant contre le froid déjà vif.

Le bruit des sirènes nous indique que l'arrivée du mis en examen depuis la maison d'arrêt est imminente : les policiers écartent les barrières pour que le camion puisse venir au plus près. Lucas ne tarde pas à en descendre, gilet pare-balles, menottes, une corde attachée à la ceinture et tenue par un des membres de l'escorte, qui me fait comme toujours grimacer, on dirait une laisse et même si je sais qu'elle est là pour des raisons de sécurité, je suis mal à l'aise face à cette image. Il échange quelques phrases à voix basse avec son avocat et jette un regard inquiet alentour. Le juge d'instruction s'approche et lui explique en quelques phrases d'un ton sec ce qu'on attend de lui, à savoir rejouer la scène du crime qui lui est reproché ; il lui enjoint pour finir de « jouer enfin franc jeu ». Lucas fronce les sourcils, moi aussi.

On s'avance vers la maison, théâtre du meurtre qui nous occupe ce soir, tandis que la greffière achève de noter scrupuleusement le nom des personnes présentes. Le directeur d'enquête brise le scellé apposé sur la porte depuis presque un an.

C'était une soirée d'hiver sans doute très comparable à celle-ci, glaciale et venteuse. Pour la comprendre, il faut remonter quelques mois en arrière.

Lucas est dessinateur industriel : c'est un quadra sans histoires, il vit depuis deux décennies avec Noëlle dans un pavillon dont ils ont presque terminé de payer le crédit, avec leurs trois adolescents et leur labrador. Tout va bien.

Lucas est casanier et assez solitaire : il fait de la randonnée et du maquettisme. Noëlle, c'est autre chose, elle a besoin de voir du monde, alors elle sort et elle cumule beaucoup d'activités, de la zumba, du yoga, de la danse orientale, de la poterie, sans compter les multiples associations au sein desquelles elle fait du bénévolat. Sur beaucoup de points elle est excentrique, mais Lucas le pragmatique en a l'habitude et, en fait, il adore ça, Noëlle, c'est sa bouffée d'air frais avec ses lubies, ses grands éclats de rire et ses tenues colorées, lui qui mise sur l'utile, le carré, le rationnel. Ça fait vingt ans qu'ils se complètent, vingt ans d'un bonheur sans nuages.

Depuis quelques semaines toutefois, Lucas a remarqué que sa fée – c'est comme ça qu'il appelle Noëlle – est plus secrète, plus renfermée. Elle qui pépiait comme un oiseau et lui confiait tout sur ses multiples sorties, lui racontant par le menu les soucis que rencontrait untel, ou la réplique savoureuse d'unetelle (des personnes qu'il ne connaît pas, mais il adore l'écouter parler) ne lui dit presque plus rien. Elle semble pensive, et même un peu triste parfois.

Ça ne l'a pas inquiété au début, mais ça dure… Lucas sent que quelque chose ne va pas. Cette distance entre eux, ces yeux dans le vague, ces sourires énigmatiques parfois quand elle regarde son téléphone… ça le travaille, mais quand il cherche à aborder le sujet, Noëlle botte en touche, il se fait des idées… Mais ça ne prend pas.

Lucas se retrouve à faire ce qu'il n'aurait jamais imaginé : il fouille, il espionne. Il a, bien sûr, les codes d'accès à la messagerie de son épouse, le code de déverrouillage de son téléphone : au bout de vingt ans, ils n'ont plus aucun secret l'un pour l'autre, du moins le croyait-il, car…

C'est qui, ce Maxime ? Il n'en a jamais entendu parler et il découvre des mails, des SMS. Ce n'est pas tant ce que Noëlle lui raconte qui l'inquiète ni ses réponses, c'est tout le non-dit qui entoure leurs conversations, cette ambiguïté qui saute aux yeux, il la ressent… Ils flirtent !

Jusqu'où sont-ils allés ? Lucas n'est pas du genre à ressasser, alors de manière frontale, très vite, il aborde le sujet. Sa femme essaie de nier, de louvoyer… Elle élude, mais rapidement elle craque : il ne s'est rien passé, enfin pas ce qu'il croit, elle le jure, beaucoup de discussions et des confidences, oui… S'ils se sont touchés ? Non, bien sûr, enfin quelques baisers, rien de plus… Lucas accuse le coup ; il n'a rien vu venir. Il a besoin de tout savoir, même si ça fait mal, comment c'est arrivé, tous les détails, alors elle lui raconte tout. Ils parlent très longtemps et pleurent tous les deux ; elle lui explique qu'il est dans son monde et qu'elle a souvent l'impression qu'il ne fait pas attention à elle, alors elle a eu besoin de quelqu'un à ses côtés, pour la rassurer peut-être ?

Au bout de plusieurs heures, elle promet de ne plus le revoir, de ne plus rentrer en contact avec lui. Cette amourette de jeune fille lui a peut-être permis de retrouver une certaine insouciance, mais ça ne pèse rien à côté de ce qu'ils ont construit tous les deux, c'est une évidence.

Lucas peut pardonner, il va le faire ; ce n'est rien, quel couple ne traverse pas de turbulences en vingt ans ? Ce n'est même pas une tempête, une averse d'été tout au plus, c'est déjà fini. Quelques baisers, la belle affaire… Dans les semaines suivantes, il s'efforce de ne plus y penser.

Un jour alors qu'ils regardent la télévision, enlacés comme toujours, on sonne à la porte, un livreur quelconque. Noëlle va ouvrir et laisse son téléphone portable sur le canapé, non loin de Lucas… Oh, juste un coup d'œil, pour se rassurer.

Maxime. Encore lui.

Le dernier SMS remonte à deux heures. Elle avait pourtant promis.

Quand elle revient s'installer contre lui, il ne dit rien. À quoi bon parler… Tous ces mots qu'ils se sont dits, ces belles promesses, des foutaises, rien de plus. Elle ne l'a pas choisi.

La jalousie ne va plus le quitter. Il y pense tout le temps. Quand elle n'est pas là, il se demande où elle est, si elle est avec lui, si les choses sont allées plus loin. Est-ce qu'il la touche ? Comment il la touche ? Est-ce qu'elle lui parle de leur couple ? Il guette son odeur, il surveille la manière dont elle s'habille pour sortir… Son imagination tourne à plein régime, il n'est pas concentré au travail et, la nuit, il reste des heures allongé dans le noir, yeux grands ouverts, à réfléchir à ses mensonges. Il se dit qu'il va la perdre, que cet inconnu va détruire tout ce qu'ils ont mis tant de temps à construire…

Il a besoin de voir à quoi Il ressemble. Noëlle lui a donné suffisamment d'informations : il l'identifie sans peine, qui Il est, où Il habite, où Il travaille… Parfois il va devant chez lui et l'observe, Il a l'air si séduisant et tranquille alors qu'Il est en train de gâcher sa vie, leur vie.

Il en reparle à Noëlle l'air de rien, mais elle lui ment, elle l'assure que tout ça est derrière eux, tout va bien entre eux deux, non ? Elle le réconforte, elle lui sourit, mais il sait qu'elle lui MENT. C'est insupportable, et une rage sourde s'installe en lui. Il ressasse et ne voit aucune issue.

Un soir de janvier, il n'y tient plus, il faut en finir. Il prend un couteau et se rend chez Maxime, qui lui ouvre malgré l'heure tardive. Il aborde le sujet de manière directe et lui aussi ment : Noëlle ? Une amie, rien de plus. Il l'invite à rentrer pour en parler tranquillement. Il poursuit, bien sûr, ils ont discuté mais il ne s'est rien passé, en tout cas pas ce qu'il croit… Lucas ne le croit pas, et sort son arme. Maxime prend peur : cette lame et le regard de Lucas, froid, métallique… Il tente de s'enfuir, mais son adversaire lui bloque l'accès à la porte et lui décoche un coup de couteau dans le flanc. Sa blessure n'est pas mortelle, mais elle ralentit ses réflexes et le rend vulnérable : il recule, tente d'échapper à l'intrus, mais en vain, Lucas le bloque sans peine, le fait chuter et l'égorge.

Lucas quitte immédiatement les lieux et laisse sa victime se vider de son sang, au sol.

Le corps sera découvert bien plus tard, par un proche inquiet de ne plus avoir de nouvelles.

La police va très vite remonter à Lucas.

Il craque en garde à vue et livre des aveux circonstanciés : il a bien donné la mort à son rival, mais il soutient que jamais, au grand jamais, il ne pensait en arriver là quand il s'est rendu chez lui. Le couteau, c'était au cas où, pour impressionner, puis il y a eu une empoignade, un coup involontaire…

Ni les enquêteurs ni le juge d'instruction ne croient à cette version ; le médecin légiste est formel et qualifie la version du mis en examen d'incompatible avec ses constatations. Lucas se trouvait vraisemblablement derrière Maxime quand il lui a porté le coup fatal, un geste d'égorgement franc et déterminé sur une victime alors probablement à quatre pattes ou à genoux…

Noëlle est bien sûr auditionnée dans le cadre de la procédure ; elle fond en larmes, elle n'aurait jamais cru que Lucas puisse passer ainsi à l'acte… Il n'est même pas jaloux ! Au tout début de l'instruction, le parloir lui est refusé puis, l'enquête avançant, elle va voir Lucas en maison d'arrêt, une fois par semaine.

Le mis en examen écrit à ses proches combien ces visites le soulagent et lui permettent de se sentir mieux…

Ils sont ensemble. Tout va bien.

LA DERNIÈRE NUIT DE LOULOU

Il est tard dans la nuit quand le téléphone de permanence retentit : il n'a pas vraiment arrêté de sonner depuis que je suis rentrée du tribunal et je ne dors donc pas encore. Je regarde *Donnie Darko* à peu près pour la neuvième fois et je décroche donc très vite, la voix à peu près claire.

« Madame le Procureur ? »

Je reconnais la voix du chef du quart de nuit du commissariat de mon ressort, qui n'est pas du genre à m'appeler si tard pour une broutille :

« Oui, Commandant, bonsoir, Sir à l'appareil. »

Il me confirme ne pas me déranger pour rien, il a un mort sur les bras en pleine voie publique, juste devant une annexe de l'hôpital psychiatrique située en centre-ville. Des voisins ont affirmé avoir entendu un bruit très violent, comme une détonation. Deux équipages sont déjà sur place et lui-même est en train de s'y rendre.

Je grimace :

« J'arrive. »

Je note l'adresse qu'il me dicte, mets le film sur « stop » et me lève. Je m'habille chaudement, il pleut et il fait un froid glacial. Je ne préviens pas immédiatement ma hiérarchie : j'attends de prendre la température sur place, peut-être que ce n'est rien et il n'est donc pas nécessaire de réveiller le chef trop tôt.

À l'époque, j'habitais en ville : à peine dix minutes et je suis sur place, je trouve très vite, une ruelle étroite, plusieurs véhicules de police gyrophares allumés… Je me gare comme je peux et m'avance vers le commandant : le temps des salutations d'usage, je suis trempée.

Pas besoin qu'il me désigne le corps : je l'aperçois d'ici, à demi sur la route à demi sur le trottoir, un drap et une bâche posés à la va-vite pour le protéger des trombes d'eau en attendant l'arrivée du médecin légiste… J'essaie de garder une certaine contenance quand je réalise que le choc au niveau de la tête a été si violent que ce que j'aperçois là, à distance du corps, c'est un cerveau, entier ou pas, j'avoue ne pas m'attarder. Je détourne le regard et observe les hauts murs de ce que l'officier de police me désigne comme un centre d'accueil qui s'occupe de malades traités à l'hôpital psychiatrique qui se trouve en périphérie de la ville : ici, certains patients sont hébergés, d'autres viennent juste recevoir des soins en ambulatoire… Le bâtiment est ancien ; je vois que les hautes fenêtres sont pour beaucoup allumées et, derrière certaines d'entre elles, j'aperçois des visages pâles un peu flous nous observer, l'air inquiet…

Le légiste tarde, alors le commandant me propose de l'accompagner pour examiner la chambre du défunt, Loulou, tout en haut, dernier étage. Un soignant nous précède dans les hauts escaliers, sombres malgré les appliques aux murs. En gravissant les marches, il nous explique que Louis dit Loulou par tout le personnel et tous les résidents était très malade psychiquement, depuis des années. Il avait lui-même remarqué récemment qu'il était soucieux, mais les malades traversent souvent des périodes de moins-bien… Il prenait beaucoup de médicaments, pour calmer les changements d'humeur et apaiser les angoisses.

En montant, on franchit successivement les différents paliers, où on sent de l'agitation, de la confusion.

Au premier, quelques malades rentrent précipitamment dans leur chambre à notre approche, quittant le couloir où ils discutaient.

Au deuxième nous apostrophe un patient très anxieux, que le soignant doit raccompagner dans sa chambre et calmer, nous abandonnant un instant : pendant ce temps, un autre malade nous parle, il est manifestement très inquiet pour Loulou, demande comment il va… Je n'ai pas grand-chose à lui dire de rassurant, mais il n'est bien sûr pas nécessaire d'accroître son trouble, j'essaie de trouver des mots réconfortants sans rien lui dire de la vérité.

Au troisième palier, nouvelle pause, un patient en pleine crise de panique en dehors de sa chambre.

L'atmosphère est pesante : le bâtiment est humide et je sens les relents d'odeur de moisi, de médicaments, ces relents aigres d'hôpital qui me met toujours mal à l'aise…

En montant au dernier étage, l'infirmier nous explique que les patients sont tous ici de leur plein gré. J'en prends bonne note et en suis un peu soulagée : un décès dans un lieu privatif de liberté – un lieu de détention ou un établissement où sont accueillis des malades hospitalisés sous contrainte – est toujours source de beaucoup de tracasseries au niveau judiciaire, y compris lorsqu'il ne s'agit pas d'affaires criminelles.

Notre guide ouvre la porte de la chambre de Loulou : elle n'est pas verrouillée, « ici on ne ferme jamais à clé », précise-t-il.

Une toute petite pièce sous les combles, mansardée, uniformément beige tirant vers le jaune. Loulou a punaisé quelques affiches sur les murs. Un lit une place, un petit bureau avec une chaise. Avant de rentrer, le commandant me tend des gants et des surchaussures, on ne sait jamais : je les enfile avant de m'avancer dans la chambre. Il y fait froid ; la fenêtre est ouverte, la pluie battante entre et trempe le sol et le bureau installé devant les vitres. Je repousse les battants en en touchant le moins possible, là encore, on ne sait jamais…

J'observe les maigres possessions de Loulou : quelques bibelots, beaucoup de livres rangés bien en ordre et des monceaux de cahiers.

J'interroge l'infirmier du regard – « Oh oui, Loulou consignait tout son quotidien, ce qui se passait, ce qu'il pensait… » Le commandant et moi-même échangeons un coup d'œil : il se saisit du cahier tout en haut de la pile, il hoche la tête, c'est bien le dernier. Il me montre les dernières lignes écrites par Loulou, d'une petite écriture serrée que je peine à déchiffrer. Sous la date du jour, après plusieurs paragraphes racontant sa journée, il dit qu'il est fatigué, vraiment, qu'il en a assez cette fois. J'ai la gorge serrée.

Le bureau sous la fenêtre ouverte, ces quelques lignes et le numéro de son curateur posé bien en évidence, glissé sous son pot à crayons, pour ne pas qu'il s'envole sans doute ? Le lit est fait au carré, les pantoufles de Loulou sont posées au sol, bien parallèles, juste devant le bureau… Exactement comme s'il les avait enlevées avant de se jucher dessus.

« Il a de la famille ?

– Non, sa maman est morte il y a peu. »

Rien de suspect dans cette chambre que nous laissons derrière nous pour ré-emprunter les escaliers raides, cette fois en sens inverse.

Dans la rue, un brigadier du quart de nuit vient nous faire un point : plusieurs voisins ont entendu un grand bruit et, quand ils ont regardé dans la rue, ils ont vu le corps de Loulou et ont appelé le commissariat. Deux d'entre eux ont cru à un coup de feu. L'infirmier nous confirme qu'il travaillait dans un petit bureau en rez-de-chaussée et qu'il a lui aussi entendu un bruit très sourd.

Je fronce les sourcils, une détonation ? Mais cette chambre, la fenêtre ouverte, les derniers mots dans le cahier, rien ne colle…

Le médecin légiste arrive et enfile sa tenue de travail pendant qu'on lui explique le contexte, la personnalité de Loulou et ces témoignages sur un bruit ressemblant à un coup de feu… Il retire la bâche et le drap et s'accroupit sous la pluie battante. Il ne tarde pas à se relever et m'appelle, en souriant et en s'exclamant d'un ton enjoué :

« Madame le Procureur ! Approchez, regardez ! »

Je n'ai aucune envie de regarder, non, mais puisqu'il le faut… Je jette un œil et je remarque tout de suite que quelque chose cloche avec le visage de Loulou.

« Le voilà, votre coup de feu !! »

Je continue de fixer ce visage bizarrement plat, je ne comprends rien, quoi le voilà votre coup de feu ? La pluie ruisselle sur moi, sur le corps couché là en travers du trottoir, j'ai froid, j'ai le cœur au bord des lèvres…

« La boîte crânienne au bord du trottoir là, BAM, explosée, c'est ça le bruit sûrement et il a dû résonner, c'est ce que les voisins ont dû entendre et prendre pour un coup de feu. Pour moi, vu les éléments dont vous me faites part, c'est un suicide par défenestration. »

Le médecin fait un geste en direction des hauts bâtiments qui bordent les côtés de la minuscule rue, j'imagine pour me signifier que la configuration des lieux a dû favoriser cette fausse interprétation du son de la chute du corps de Loulou.

Après, ça va très vite : les pompes funèbres mettent le corps du défunt dans une housse et l'emportent vers leur véhicule, puis ce sera le tour des agents de la municipalité de venir nettoyer le sang qui souille la rue pavée avant que les travailleurs du petit matin sortent de chez eux.

Un dernier coup d'œil aux fenêtres dont certaines sont toujours allumées, avec quelques paires d'yeux toujours rivées vers le bas. Je salue le soignant debout sous le porche, pensif en regardant Loulou partir, les policiers à qui je souhaite une bonne nuit et « essayez de pas trop me réveiller hein ! », les plaisanteries traditionnelles comme pour conjurer ce moment, cette pluie glaçante et la mort, son cerveau bon sang…

Je retourne à ma voiture et rentre chez moi, trempée jusqu'à l'os. La musique à tue-tête sous une douche brûlante pour m'empêcher de penser, je ne peux éviter toutefois de songer à Loulou dans sa mansarde, simplement trop fatigué pour continuer à vivre…

Je sais d'avance que le sommeil va me fuir ; je reprends le film là où je l'avais laissé.

JUSTE UNE POIGNÉE DE SECONDES

Je suis substitut de permanence ce lundi matin quand ma greffière me signale que l'hôpital est en attente et souhaite me parler d'une situation. Urgences pédiatriques. Je fronce les sourcils : « une situation » en langage de parquetier, c'est souvent synonyme d'ennuis, et étant en charge des mineurs depuis des années, s'agissant des urgences pédiatriques, je sais que cela noircit encore le tableau.

Au bout du fil, un médecin me parle de Jules, un peu moins de deux mois, qui a été admis aux urgences hier, inconscient. Il me dresse la liste des symptômes que présente le nourrisson et je fronce de nouveau les sourcils, car ce tableau clinique, je ne le connais que trop bien : hématome sous-dural massif, hémorragies rétiniennes bilatérales… Le pédiatre soupçonne un syndrome du bébé secoué. Les explications des parents de Jules sont sans lien avec son état : ils ont juste déclaré que, la veille, il était devenu apathique puis avait perdu conscience, aucun incident ne pouvant expliquer la dégradation de sa santé… L'équipe médicale a trouvé le récit de la soirée un peu confus. Le pédiatre ajoute que l'état de Jules est très inquiétant et qu'il n'est pas sûr qu'il va s'en sortir. Il conclut en m'indiquant qu'il va très rapidement me communiquer un rapport écrit.

Je n'attends pas ce rapport pour appeler immédiatement le groupe mineurs du commissariat de mon ressort, à qui je transmets les informations dont j'ai pris note et à qui je confie le soin de diligenter immédiatement une enquête, réunir les premiers éléments et me tenir rapidement au courant.

Quelques heures après, le directeur d'enquête me rappelle : la veille, seuls les parents du nourrisson se sont occupés de lui. Le médecin légiste est allé examiner l'enfant ainsi que prendre connaissance de l'ensemble des résultats des différents examens réalisés et il me confirme ce que pressentait le pédiatre : Jules présente un tableau clinique très fortement évocateur d'un enfant qui a été secoué, et ce, dans un temps très proche de l'apparition des premiers symptômes, soit la veille en fin de journée.

Quelqu'un est à l'origine de l'état de cet enfant, et c'est soit son père, soit sa mère.

Dans ce genre de situation, je sais que je n'ai pas vraiment le choix, et le service d'enquête attend que je prenne cette décision : il faut placer les deux parents de Jules, inconscient dans son minuscule lit d'hôpital et dont on ne sait pas s'il sera toujours parmi nous demain, en garde à vue. Pour connaître la vérité, c'est maintenant ou jamais ; si je décide de différer cet acte d'enquête, on ne saura peut-être pas pourquoi Jules est entre la vie et la mort, et l'affaire ne sera peut-être jamais élucidée. La gorge serrée mais sans rien en laisser paraître – car je sais que le policier au bout du fil a aussi peu envie d'entendre ce que je vais lui demander de faire que moi de lui en donner l'instruction –, j'ordonne l'interpellation de Murielle et Laurent, les parents de Jules.

Les policiers vont les chercher à l'hôpital et les ramènent au commissariat. Tous deux sont hagards, complètement désorientés, et semblent véritablement sous le choc lorsque les conclusions du médecin légiste leur sont exposées. Jules a été secoué : son état ne résulte ni d'une maladie ni d'un accident mais de violences volontaires.

Il ressort des premières auditions que la veille, toute la famille est restée à la maison presque toute la journée, un dimanche à trois, tranquille, comme tant d'autres. Ils n'ont reçu aucune visite. Laurent, le papa, est chauffeur routier et fait souvent de longues missions qui le tiennent éloigné de la maison plusieurs jours d'affilée, alors quand il rentre, ils ne sortent pas beaucoup, et ce, d'autant plus que Murielle, jeune maman, est très fatiguée.

Elle a repris le travail depuis peu et, en l'absence de Laurent, c'est difficile de tout gérer en même temps. La semaine, elle court entre la nounou, le bureau et Jules qui pleure beaucoup notamment la nuit, à cause de maux de ventre récurrents. Elle n'a guère de temps pour respirer et se détendre, et Laurent se sent un peu coupable d'être aussi peu présent…

Aussi, la veille en fin d'après-midi, il a conseillé à sa compagne de sortir un peu et d'aller voir une copine, pour un petit goûter improvisé et se changer les idées, pendant qu'il s'occuperait de Jules. Murielle a hésité et puis c'est vrai, ça lui faisait plaisir de pouvoir breaker un peu, alors elle s'est absentée une heure et demi grand maximum. Quand elle est rentrée, Laurent lui a dit que tout s'était bien passé, que Jules avait pleuré un peu mais sans plus. Dans la soirée, elle a trouvé le bébé étonnamment calme, il n'a pas mangé, puis est devenu de plus en plus amorphe, jusqu'à perdre conscience… Le jeune couple s'est alors précipité à l'hôpital, en panique. Les enquêteurs ont beau insister, il ne ressort de leurs déclarations aucun événement qui pourrait expliquer l'état de leur fils, pas de chute, pas de choc, rien : ils ne comprennent pas, et ils veulent retourner au chevet de leur bébé.

Parallèlement, le médecin légiste m'appelle : il a affiné son diagnostic. Jules a été secoué, fort, c'est une certitude pour lui tant l'ensemble des éléments converge vers cette explication. L'auteur de ce geste de secouement n'a pas pu le commettre involontairement ni ne pas s'en rendre compte. Le bébé ne va pas bien, il va même de plus en plus mal. Son pronostic vital est presque inéluctablement engagé : au vu de la lourdeur des symptômes, le praticien ne voit pas comment l'enfant pourrait s'en sortir, et si c'était par extraordinaire le cas, les séquelles seraient gravissimes.

J'appelle mes enquêteurs pour leur faire part de ces dernières informations.

Ils ont entendu l'entourage du couple, décrit comme uni. Jules était un enfant désiré, Laurent et Murielle étaient fous de joie quand ils ont appris qu'ils allaient être parents. Aucun des deux n'est décrit comme violent ni même nerveux. Murielle était fatiguée, certes, mais rien de grave, sa mère et sa sœur venaient la voir régulièrement et tout se passait bien avec Jules, même lorsque Laurent était absent…

Je me rends au commissariat à l'issue des premières vingt-quatre heures de garde à vue, pour prolonger cette mesure après m'être entretenue avec les suspects, comme la loi m'en faisait obligation à l'époque.

À cette occasion, je fais un nouveau point avec le directeur d'enquête : chacun reste sur ses positions, Murielle est ravagée et pleure sans discontinuer, Laurent est plus introverti et dans un état proche de la sidération. Aucune faille n'apparaît dans leurs versions, qui coïncident.

Je reçois les intéressés, l'un après l'autre. Je vérifie les conditions de leur garde à vue, le bon déroulement des auditions, le respect de leurs droits… Lors de notre entrevue, je leur explique que je ne sais pas ce qui s'est passé, que je n'ai pas d'avis préconçu, mais que les conclusions du médecin légiste sont formelles sur le fait qu'il s'est passé quelque chose et que celui qui ment prive l'autre des derniers instants de Jules. Murielle pleure. Laurent me regarde sans un mot et hoche la tête.

Je quitte le commissariat retournée, en colère, je sais que cette garde à vue, cette prolongation, c'est un passage obligé, que je dois chercher à obtenir la vérité, que c'est le job, que pour l'instant la priorité c'est l'enquête et que dans ces dossiers-là, d'expérience, tout se joue dans les premières heures, les premiers jours… Mais ces parents enfermés, hébétés, Jules tout seul à l'hôpital, à s'éteindre doucement… À cet instant, je déteste cette permanence, je déteste mon travail, je déteste devoir infliger des décisions si violentes.

Lors de l'audition suivante, Laurent craque et passe aux aveux.

Une fois Murielle partie chez son amie, il s'est installé dans le canapé avec Jules. Il n'était pas très à l'aise pour s'en occuper car il n'en a pas trop l'habitude ; il est si petit, il a peur de lui faire mal… Jules pleurait déjà depuis le début du week-end, plus ou moins selon les moments, et quand sa maman est sortie pour prendre l'air… eh bien, ça a été pire.

Sans doute pas habitué à être seul avec son papa, il s'est mis à pleurer très fort, et sans s'arrêter, à s'en couper le souffle. Laurent a essayé de l'apaiser assis sur le canapé, puis debout, en le berçant comme il a vu Murielle le faire, de le coucher dans son lit… En vain. Jules hurlait, non-stop, même une fois changé, même en lui proposant le bibi.

Laurent était crevé ; au début, il s'est vraiment senti nul de ne pas y arriver, puis ça l'a agacé… Au bout de presque une heure de hurlements, il était même franchement en colère, il ne voulait surtout pas devoir appeler Murielle qui avait besoin de ce moment de calme et de repos, les papis et les mamies n'étaient pas disponibles pour le conseiller, ou venir l'aider… Et ces cris, sans cesse…

Il a attrapé Jules sous les aisselles. Il l'a levé face à lui et l'a secoué d'avant en arrière, plusieurs fois, en lui criant de se taire, enfin, de la fermer… Un instant. Oh, juste quelques secondes… Puis il s'est repris. Jules a paru mal un moment, comme suffoqué. Il ne criait plus et une fois cette impression de respiration coupée passée, il avait juste l'air calme.

Murielle est rentrée peu de temps après. Laurent ne lui a rien dit.
La suite, c'est le cauchemar, il a vu l'état de son fils se dégrader, Jules n'a pas voulu manger, lui qui gloutonne toujours le biberon du soir, il est devenu comme de plus en plus mou... Il respirait mal, il a perdu conscience. Ils sont allés à l'hôpital, il n'a bien sûr rien osé dire...

L'officier de police judiciaire en charge d'auditionner Laurent m'appelle immédiatement et, très vite, je lève la garde à vue de Murielle, qui est ramenée par un équipage de police à l'hôpital auprès de Jules.
Le lendemain, dans la journée, Laurent est également accompagné sous escorte pour dire au revoir à son fils. Le pédiatre m'a prévenue, il va s'en aller, c'est imminent... En effet, le nourrisson s'éteint peu après.

Laurent est un jeune homme sans histoires, sans aucun antécédent, il a ses douze points au permis de conduire, aucun de ses proches ne le décrit comme impulsif ou nerveux. Personne dans son entourage familial, professionnel ou amical ne l'a jamais véritablement vu se mettre en colère, y compris Murielle, qui n'a pas d'explications, qui ne cesse de répéter qu'elle ne comprend pas...

Mercredi matin. Laurent est présenté à un juge d'instruction. J'ouvre une information judiciaire pour violences volontaires ayant entraîné la mort sans intention de la donner, sur mineur de moins de quinze ans. Il s'agit d'un crime.
Après avoir énormément réfléchi, je ne demande pas au juge d'instruction d'envisager son placement en détention provisoire et de saisir le juge des libertés et de la détention, seul compétent pour prendre cette décision. Pendant des heures, j'ai retourné le problème dans tous les sens... Les faits sont gravissimes, et depuis deux jours ils tournent en boucle dans ma tête, les photos de Jules, cette famille-LÀ où la violence n'avait pas sa place, et pourtant... Pour autant,

les critères légaux prévus pour un placement en détention à ce stade de la procédure ne me paraissent pas remplis. Le magistrat instructeur est d'accord avec moi. Lors de son premier interrogatoire, le suspect indique avoir perdu la tête, juste quelques secondes, et avoir d'un coup tout perdu…

Laurent est placé sous contrôle judiciaire. Bien sûr, il quitte la maison où Murielle reste seule avec les souvenirs de son fils et ses questions sans réponse.

Les semaines passent.

Je ressasse cette affaire, comme jamais aucune avant celle-là. Je repense à ce nourrisson, minuscule dans son lit, branché à tant de fils et de machines pour le maintenir en vie, ces heures de cauchemar pour Murielle placée en garde à vue, ce qu'elle a dû penser, et comment elle peut bien réussir à gérer ça, et Laurent, juste quelques secondes…

Quelques mois après, je demande ma mutation, très loin, dans d'autres fonctions. Je crois que je sature, j'ai besoin de ne plus être en première ligne pendant quelque temps. Peut-être que j'ai besoin de ne plus devoir donner le « top interpell » parfois si lourd de conséquences et qui m'a, cette fois, coûté tant de nuits semi-blanches.

J'apprendrai bien plus tard par une collègue que Laurent, laissé libre, s'est abruti dans la fête, l'alcool, les filles de passage. Je ne sais pas comment on gère une douleur et une culpabilité aussi grandes, je ne sais pas si j'aurais fait autrement, mieux, pire, mais en tout cas, ça n'a pas plu à la cour. Il a également un peu varié dans ses explications devant le juge d'instruction, finissant par parler d'un accident… Ça non plus, ça n'a pas plu à ses juges.

Laurent a finalement été condamné à une peine de dix années de réclusion criminelle pour violences mortelles sur son fils de deux mois.

LES CRIS DE MARIETTE

Depuis quelques semaines, je sais que je vais bientôt prendre un nouveau poste et devenir juge d'instruction. Pour que cette transition se passe bien, je bénéficie comme tous mes collègues dans la même situation d'une formation dite de « changement de fonction » et, dans ce cadre, j'apprends à gérer un cabinet, prendre les interrogatoires, rédiger des missions d'expertise, tout ce qui fait le quotidien d'un magistrat instructeur…

Aujourd'hui, je me suis levée un peu stressée. C'est jour de reconstitution et mon maître de stage m'a prévenue : je vais devoir gérer ça toute seule comme une grande, les questions au mis en examen, la rédaction du procès-verbal avec la greffière, la prise de photos… C'est un acte important dans un dossier d'instruction et j'ai bien travaillé la procédure, je pense être aussi prête que possible.

Sur place, Hubert, le mis en examen, est déjà là : il attend dans le camion de l'administration pénitentiaire. Son avocat est arrivé ainsi que celui des parties civiles, le procureur, le médecin légiste et les enquêteurs. La juge explique à tout le monde que je vais diriger les opérations et se met en retrait.

Pendant que la greffière note le nom de toutes les personnes présentes, j'observe Hubert : c'est un vieil homme qui a beaucoup maigri depuis son incarcération. Il s'extirpe péniblement du véhicule de service et se rapproche à petits pas glissants de la maison dont les scellés vont être brisés dans un instant. Voûté, les yeux dans le vague, il attend ; il semble presque absent. Son regard s'anime alors qu'un des enquêteurs se rapproche avec une pelle à la main : j'y vois alors quelque chose d'indéfinissable, qui me met soudain mal à l'aise.

Les scellés retirés, j'explique au mis en examen que le but des opérations est de nous montrer comment se sont déroulés les faits : il va devoir nous expliquer comment il a tué sa femme Mariette à coups de pelle, il y a quelques mois maintenant.

Ce jour-là, il s'est levé tôt, Mariette était déjà dans la cuisine. Elle l'a houspillé, comme souvent, et comme tout aussi souvent, il ne l'a pas écoutée. Il a bu sa chicorée, a mis son bol dans l'évier et s'est dépêché d'aller dehors.

Ça fait des décennies qu'il vit avec Mariette : il l'a épousée alors qu'il n'avait pas vingt ans, elle en avait dix-huit, et c'était l'amour fou. Elle était si belle, il aimait tant ses joues qui rosissaient quand il la taquinait, elle était douce, et qu'elle riait ! Il se souvient de son rire. Les années ne les ont pas épargnés, beaucoup de dur labeur… Ils ont eu quatre enfants ; l'un était mort-né, comme Mariette a pleuré alors…

Le temps a passé, dix années de mariage, les enfants grandissent ; vingt, ils ont quitté la petite maison familiale en briquettes ; trente, ils ont chacun fait leur vie et reviennent de loin en loin voir leurs vieux parents ; quarante, c'est le moment de prendre sa retraite ; cinquante, comme les journées se ressemblent, entre la télévision, le jardin, de temps en temps un appel des enfants qui eux aussi ont bien vieilli.

Hubert aimerait pouvoir dire qu'on ne voit pas le temps passer quand on le partage avec l'amour de sa vie, mais c'est faux…

Dès sa garde à vue, il a expliqué que Mariette était devenue agressive, aigrie avec le temps, il a décrit une harpie qui passait le plus clair de son temps à l'accabler de reproches, sans lui laisser de répit. Il n'y avait plus rien de la douce fiancée rougissante d'antan et au mieux il la tolérait, au pire elle l'insupportait…

Hubert ne voyait pas où il pouvait aller, ce qu'il pouvait faire ; on s'habitue à tout, même à l'ennui, la lassitude, et à ne plus jamais entendre de rires dans la petite maison de briquettes rouges, alors il est resté.

Ce matin-là, il a enfilé ses bottes et est allé s'occuper de son potager, comme tous les jours, de ses lapins, de ses poules… Jusqu'à ce que Mariette lui crie de venir d'un ton presque enjoué par la fenêtre de la cuisine, un appel des enfants !

Hubert s'est dépêché pour aller prendre le téléphone, tant et si bien qu'il est entré dans la maison sans se déchausser, et sa pelle à la main. Il s'en est rendu compte en voyant le regard courroucé de Mariette sur ses bottes crottées au milieu du couloir, mais il s'est dit qu'il serait bien temps de se faire disputer après…

Ça n'a pas manqué : l'écho du dernier rire entendu au bout du fil résonnait encore à son oreille qu'elle lui est tombée dessus, des remarques, puis des cris, de plus en plus fort… Hubert a cherché à battre en retraite et a pris sa pelle en pensant ressortir au plus vite, mais a-t-il entendu le mot de trop ? Il ne sait pas véritablement l'expliquer, mais il se souvient d'avoir d'un coup ressenti le besoin, la nécessité impérieuse de la faire taire. Il a indiqué s'être retourné et avoir donné un coup de pelle à Mariette. Elle a redoublé de hurlements, de colère et aussi de douleur cette fois, alors… il a continué. Il ne se rappelle plus combien de fois il a levé et abaissé cette pelle, c'est flou… Mais à un moment il ne l'a plus entendue.

Quand il a repris ses esprits, il y avait tout ce sang dans le couloir et elle était morte. Il s'est d'abord demandé comment il allait bien pouvoir expliquer ça aux enfants… Hubert a bien pensé à mentir et à inventer une histoire, mais il n'est pas idiot, il sait bien qu'il n'est pas assez malin pour monter un scénario crédible, alors il a appelé les gendarmes et est allé les attendre dehors, près du portail. Il ne pleurait pas quand ils sont arrivés, comme il n'a pas versé une larme au cours de sa garde à vue ni devant le juge d'instruction.

Dans le couloir, j'explique à Hubert que le but est de comprendre le déroulement chronologique des faits, mais qu'il n'est pas forcé de mimer la scène s'il ne le souhaite pas, un gendarme peut jouer son rôle s'il préfère…

« Je vais le faire », réplique-t-il.

C'est sans émotion apparente qu'Hubert joue les premiers coups puis s'excuse – « je ne sais plus combien de fois… »

Je pose quelques questions quand il fait des digressions ou se perd dans des détails aujourd'hui inutiles. Il veut jouer le moment où il a commencé à nettoyer le sol et déplacer le corps… Il s'arrête à intervalles réguliers quand je le lui demande, pour qu'un gendarme puisse prendre des photos à chaque étape. Un album de l'ensemble de ces photographies sera ainsi versé au dossier, afin que la cour d'assises puisse comprendre l'enchaînement des gestes d'Hubert.

Celui-ci veut aller vite, être ici lui est manifestement pénible : il parle vite, bouge beaucoup et s'épuise… Je lui impose, malgré ses protestations, de prendre quelques instants pour retrouver son souffle. Il s'assied dans la cuisine où, ce matin-là, il a pris son dernier petit déjeuner d'homme libre. Je le vois contempler les objets qui faisaient jusque-là son quotidien, l'éphéméride au mur restée figée à ce jour-là, le tablier de Mariette posé sur une chaise et une cocotte en fonte restée sur la cuisinière, avait-elle prévu de préparer quelque chose ?

Hubert finit son triste mime, encore quelques photos, un tour de questions où chacun fait préciser quelques points au mis en examen, qui fatigue mais fait de son mieux… Les scellés remis en place, il remonte dans le camion, en appui sur le bras d'un des membres de l'escorte tant il peine à s'y installer.

Sur le chemin du retour, mon maître de stage me félicite : elle n'est presque pas intervenue parce que cela s'est bien passé, je suis prête ! Je regarde la route défiler, je pense à Hubert, Mariette, leurs enfants qui ont dit aux gendarmes : « C'est vrai qu'elle n'était pas toujours facile, mais quand même, papa ne s'énervait jamais ! », à la petite maison de briques…

Hubert sera condamné à quatorze années de réclusion criminelle.

EUGÉNIE

Lorsque je suis nommée juge d'instruction, je n'ai que quelques semaines pour me faire à l'idée et me former à mes nouvelles fonctions.

Un matin de janvier, c'est le grand jour : j'ai déménagé, je suis encore à moitié dans les cartons, mais c'est aujourd'hui que je vais faire connaissance avec le tribunal dans lequel je suis nouvellement affectée, mon nouveau chef de juridiction, mes nouveaux collègues et bien sûr avec ma greffière, Eugénie. Le bon fonctionnement du binôme magistrat instructeur-greffier est sans aucun doute dans cette fonction une condition *sine qua non* pour que la gestion du cabinet se passe bien. On s'est déjà parlé au téléphone il y a quelques semaines, le courant est plutôt bien passé, enfin je crois.

Lorsque j'arrive dans mon nouveau bureau, elle n'est pas encore arrivée. Je suis bien moins intéressée par la vue sur le parking que j'ai depuis ma fenêtre que par le contenu des placards, que j'ouvre pour contempler tous ces dossiers, bien rangés côte à côte, les petits dans des chemises suspendues, les gros par piles de tomes entassés les uns par-dessus les autres.

Eugénie m'expliquera plus tard le code couleur : rouge, crimes de sang ; jaune, infractions sexuelles ; vert, infractions à la législation sur les stupéfiants ; bleu, infractions économiques et financières ; orange, tout-venant… Je suis en train de me demander par quel bout je vais bien pouvoir prendre toutes ces procédures quand Eugénie arrive.

Elle est un peu intimidée, et moi aussi. On se salue et on se met d'accord : on s'appellera par nos prénoms. Je lui indique que j'étais substitut du procureur il y a encore quelques semaines à peine, limite quelques jours, et que je vais avoir besoin d'aide pour gérer les premières urgences. Elle m'explique qu'elle est à l'instruction depuis quatre mois et qu'elle communiquait assez peu avec mon prédécesseur.

Les premiers temps sont durs : j'ai vite compris que le juge qui m'avait précédée naviguait un peu à vue et j'ai eu peur de commettre des erreurs, de rater un dossier dans lequel une prescription courte était encourue (coucou le droit de la presse[10] !), de laisser incarcéré un mis en examen qui ne remplissait plus les critères de la détention provisoire... J'ai travaillé jours, soirs et week-ends inclus pour prendre connaissance de l'intégralité des procédures dont j'étais saisie.

Au fur et à mesure, je prenais des notes pour établir des synthèses, je relevais les points que je ne comprenais pas et qui méritaient d'être éclaircis et bien sûr je faisais, dossier par dossier, la liste des actes d'instruction qui devaient être accomplis et je les classais par ordre de priorité. Les dossiers pouvant rapidement être prescrits passaient en tout premier, suivis de près par ceux dans lesquels un ou des mis en examen étai(en)t détenus, surtout quand il(s) n'avai(en)t pas été entendu(s) depuis longtemps, puis tous les autres, hiérarchisés en fonction de la gravité des infractions.

Par moments, j'avais un peu le tournis en voyant mon agenda se remplir peu à peu.

Il ne fallait pas non plus négliger les dossiers en voie d'achèvement c'est-à-dire presque terminés, dans lesquels le juge doit prendre sa

10. Contentieux régi par la loi du 29 juillet 1881 ayant notamment pour particularité de se prescrire fréquemment par l'écoulement d'un délai de trois mois, soit un délai beaucoup plus court qu'en droit commun.

dernière décision, prononcer un non-lieu ou renvoyer le mis en examen devant une juridiction de jugement, et rendre une ordonnance dans ce sens.

Plus de cent vingt dossiers en tout. J'ai découvert l'insomnie du juge d'instruction qui réfléchit à tel ou tel dossier, comment envisager cet interrogatoire, éclaircir ce point juridique, quand programmer cette reconstitution, ou qui s'efforce de ne pas penser à la masse de procédures qu'il n'a pas encore eu le temps de travailler en profondeur…

Avec Eugénie, on s'est retroussé les manches : trois ou quatre actes par jour, des interrogatoires de mis en examen, des auditions de victimes ou de témoins… On se gardait aussi du temps pour que je continue à préparer les dossiers encore inconnus et pour qu'elle puisse gérer les convocations, les notifications diverses et variées. Elle ne se plaignait jamais, elle était toujours disponible pour mes questions, et j'en avais beaucoup.

Elle était un peu étourdie et, dans le grand nombre de tâches qui lui incombaient, elle en oubliait parfois ; je savais que je lui en demandais beaucoup, donc je faisais des listes afin qu'elle s'y retrouve, et rapidement on a très bien fonctionné comme ça.

Elle était un peu prude, Eugénie, et lors des interrogatoires, elle voulait toujours traduire en des termes corrects ce que disaient les justiciables, j'insistais pour qu'elle retranscrive de manière authentique et fidèle, gros mots et expressions vulgaires inclus, ce qui me valait toujours un pincement de lèvres et un roulement d'yeux. Elle faisait des blocages sur certains mots (« non, Eugénie, feLLation, pas FeFFation ! ») et on en plaisantait. Au bout de quelques mois, on se comprenait d'un regard, certains interrogatoires partaient en fou rire, d'autres nous laissaient la gorge nouée.

On est parties en reconstitution ensemble, et je me suis esclaffée de la voir, habituellement tirée à quatre épingles, robe élégante et talons hauts, revêtue de sa panoplie jean-baskets-casquette, alors que j'arborais mon habituel combo marcel-tatouages apparents qui lui avait fait froncer les sourcils au début.

On a géré des confrontations[11] à dix, regardé l'escorte maîtriser et plaquer au sol le mis en examen que mes questions mettaient en colère ; j'ai ri en l'entendant brailler sur le suspect qui venait de froisser le procès-verbal d'interrogatoire avant de nous le jeter dessus, elle a frimé un peu quand SA juge a obtenu des aveux dans un beau dossier…

On a sorti ensemble les avis de fin d'information[12] dans un dossier de vingt-cinq tomes à quinze mis en examen, trimballé des chariots à roulettes débordant de procédures, serré les dents pendant les permanences apocalyptiques à dix déferements par jour…

On avait trouvé notre rythme, notre mode de fonctionnement à nous : on travaillait vraiment beaucoup, mais toujours dans la bonne humeur. Elle a été présente quand j'ai traversé une période difficile sur le plan personnel et professionnel : le matin, elle me déposait quelque chose à manger sur mon bureau et cherchait toujours à me réconforter, par un tas de petites attentions, sans beaucoup verbaliser, parce que les grands discours ce n'était pas le genre de la maison.

Quand la nouvelle de ma mutation est tombée, j'étais vraiment heureuse car j'avais fait le tour, j'étais à un stade de ma vie où j'avais

11. Acte d'instruction consistant à convoquer plusieurs parties et/ou témoins afin de recueillir leurs versions en présence les uns des autres.
12. Avis prévu à l'article 175 du Code de procédure pénale visant à informer l'ensemble des parties que l'instruction est arrivée à son terme.

besoin de changer de ressort, mais j'ai été vraiment peinée de la quitter. Elle m'a couverte de cadeaux et a organisé un déjeuner chez elle avec sa famille, elle avait les larmes aux yeux quand je l'ai prise dans mes bras pour lui dire au revoir. J'ai su que ça avait été difficile pour elle après mon départ, nouveau juge, nouvelle façon de faire et nouvelle organisation…

Je pense toujours à elle avec beaucoup de tendresse, et c'est sans aucun doute ce qui m'a le plus manqué après mon retour au parquet, cette relation privilégiée entre le greffier et son juge.

AVANT NOËL

Laurence se tient bien droite sur son siège en face de moi. Elle s'est bien habillée pour l'occasion ; elle est très calme, mais une grande tristesse l'entoure. Elle m'intimide un peu, mais j'essaie de faire en sorte que cela ne se voie pas.

Cela fait quelques mois que j'ai été nommée juge d'instruction et après de longues semaines à m'efforcer d'engloutir les dossiers le plus rapidement possible, c'est la première partie civile que j'ai décidé de convoquer. Elle n'a jamais été entendue auparavant si ce n'est par les enquêteurs au cours de l'enquête de flagrance il y a plus d'un an de cela, une audition très courte quelques heures après qu'on a annoncé à Laurence une des pires nouvelles possible. Elle a perdu son fils, je suis saisie du meurtre de ce dernier.

Vingt ans, un BTS en cours, un jeune garçon sans histoires, il s'est rendu à une soirée d'anniversaire somme toute très banale, mais où pour son malheur se trouvaient des membres de deux bandes rivales ; il n'appartenait ni à l'une ni à l'autre. Au fil des heures, la tension est montée et quand des armes ont été sorties, il s'est retrouvé au milieu de la cohue. Quelqu'un en a profité pour essayer de lui arracher la sacoche qu'il portait en bandoulière et il a résisté : il a reçu deux balles dans le thorax et est mort là, au sol, au milieu de la foule qui courait en tous sens en hurlant. L'un des chefs de bande est également décédé.

En arrivant sur mon nouveau poste, j'ai décortiqué le dossier. Un fiasco.

Une scène de crime apocalyptique, deux morts, plusieurs blessés, des balles et des douilles en quantités astronomiques. Des dizaines de témoins pour le moins discordants qui ont assisté aux faits dans un contexte de panique rendant toute précision dans leurs déclarations impossible et tout recoupement délicat.

Les deux suspects principaux, très défavorablement connus, sont en fuite ; ils se sont évanouis dans la nature immédiatement après les faits et toutes les investigations mises en œuvre depuis pour les localiser et les interpeller ont été vaines : ils restent introuvables.

Sont en revanche mis en examen – et écroués – plusieurs hommes qui étaient sans conteste présents à la fête et qui appartenaient aux deux bandes en présence ; plusieurs lectures du dossier ne m'ont pour autant pas permis de comprendre leur rôle exact. Je les ai interrogés de manière détaillée, mais il n'en ressort pas grand-chose ; je les ai donc libérés d'office, ce qui m'a valu pendant quelques mois une réputation de juge particulièrement peu porté sur l'incarcération. En réalité, j'ai simplement compris que je n'allais pas réussir à caractériser à leur égard suffisamment d'éléments à charge d'avoir participé aux meurtres et qu'ils n'avaient donc rien à faire en détention provisoire.

Je convoque également de multiples témoins : la plupart n'ont pas envie de raconter ce à quoi ils ont assisté, la grande majorité sera donc amenée menottée devant moi, de force, par les enquêteurs.

Je dissèque cette soirée, j'essaie de comprendre le déroulement chronologique des faits. Je prends des notes, relève les incohérences à éclaircir, fais la liste des personnes à entendre dans mon cabinet, celles dont je dois demander l'audition par les gendarmes.

J'ordonne des expertises, des compléments d'expertise.

Je veux être prête le jour où on me présentera les mis en cause principaux.

Concernant ces derniers, si les enquêteurs sont restés très mobilisés pendant les quelques mois suivant les faits, leur motivation a de toute évidence faibli, d'échec en échec, de faux tuyau en interpellation ratée.

Je les reçois : ça tombe bien, un nouveau directeur d'enquête vient d'être nommé, cela permettra d'avoir un œil neuf sur la procédure. Je lui demande de mettre le paquet. Je veux que les suspects sentent une surveillance constante, à mon sens, ils sont beaucoup trop sereins depuis bien trop longtemps.

Je demande que leurs proches soient convoqués pour être auditionnés et auparavant placés sur écoute ; je souhaite que des perquisitions soient menées dans leur entourage de manière incessante ; le but est de les affoler, qu'ils sentent qu'on est juste derrière eux et qu'on ne les lâchera pas, quitte à continuer des mois sans répit afin de les conduire au faux pas.

Très régulièrement, je fais le point avec les gendarmes, impatiente d'avoir des résultats. De mon côté, je travaille le dossier et j'ordonne ou j'accomplis les actes nécessaires pour parvenir à la manifestation de la vérité ; du leur, c'est une chasse à l'homme sans relâche.

Pour l'une des victimes, personne ne s'est constitué partie civile ; pour l'autre, il y a Laurence. Il m'apparaît urgent de l'entendre, aussi je la convoque. Son avocat n'est pas disponible ce jour-là, mais elle souhaite que son audition soit maintenue.

En réalité, cet acte d'instruction ne va servir à rien en termes d'enquête ou d'avancée dans mes investigations. Laurence n'était pas là ce soir-là, elle n'a rien vu… Elle a toutefois le droit de savoir où en est le dossier et ce qui est mis en œuvre concrètement pour retrouver le meurtrier de son fils, ce que je fais, ce que j'ai demandé aux enquêteurs de faire… Elle a dû apprendre par son avocat que des mis en examen avaient été libérés ; cela aussi, il faut que je le lui explique.

Elle me parle de son fils ; elle est veuve depuis très longtemps et elle l'a élevé seule, ainsi que ses deux autres enfants, deux filles plus jeunes. C'était l'homme de la maison. Elle me donne une photo de lui, car elle a regardé le dossier avec son avocat et les seules photos qu'il y a de son petit… ce n'est pas lui. J'ai la gorge nouée : elle parle des photos prises pendant l'autopsie, et bien sûr, elles n'ont rien à voir avec l'image du jeune homme radieux qui fait le clown, qu'elle pose devant moi.

L'ambiance est lourde dans le cabinet, ma greffière Eugénie est toute retournée et j'avoue que c'est dur d'écouter Laurence raconter ce qui faisait sa vie, leur vie, la fête surprise qu'il avait organisée pour les quarante-cinq ans de sa maman ; son bac, c'était le seul de la famille qui avait décidé de poursuivre des études, elle était très fière, il réussissait tout ce qu'il entreprenait… Elle égrène des souvenirs, anodins, mais qui font juste mal car il n'y en aura plus jamais d'autres : comme il était triste quand son petit chien est mort… Comme il était déçu de ne pas pouvoir participer à des championnats d'athlétisme parce que, peu avant, il s'était cassé un bras… Sa première petite copine…La sacoche de marque qu'elle lui avait offerte pour fêter son diplôme, pour elle, c'était une grosse dépense mais elle voulait lui faire plaisir : il la portait ce soir-là…

Laurence parle longtemps, je ne l'interromps pas. Parfois, sa voix se brise, mais elle se reprend, je crois qu'elle est décidée à ne pas craquer malgré l'émotion qui est la sienne.

Ma gorge n'a pas fini d'être nouée, car Laurence a des questions, des questions dures, bien sûr je ne veux pas lui mentir mais j'ai peur de lui faire encore plus de peine qu'elle en ressent déjà : Est-il mort seul ? A-t-il eu mal ? S'est-il senti partir, a-t-il eu peur ?

Je réfléchis. Le rapport d'autopsie parle de plaie, d'organes touchés, d'hémorragie massive… Mais les conclusions du médecin légiste ne me permettent pas de répondre à Laurence. J'ai entendu les deux jeunes filles qui étaient présentes à ses côtés en attendant les secours, des amies à lui. Je peux donc lui dire qu'il n'était pas seul, non, que ses copines n'ont pas parlé de manifestations de douleur ; il n'a rien dit, il s'est juste écroulé après les coups de feu et n'a ensuite pas repris conscience… Il s'était déjà éteint à l'arrivée des pompiers qui n'ont rien pu faire même s'ils ont tenté, longuement, de le réanimer. J'explique tous ces éléments à Laurence, je lui dis que je pense qu'il est parti sans avoir mal, que je ne peux pas en être certaine, mais que rien ne permet de penser le contraire.

Elle hoche gravement la tête.

En fin d'audition, elle me demande si je pense que justice sera rendue pour la perte de son petit. Je ne veux pas lui jurer l'impossible, mais je lui assure que je vais faire de mon mieux pour que ces faits soient jugés et que leurs auteurs soient condamnés.

Je me souviens d'avoir envoyé cette audition au directeur d'enquête, avec un smiley pour dédramatiser comme on le fait si souvent, en lui indiquant que je voulais ABSOLUMENT les suspects dans mon bureau avant Noël. Il avait plaisanté en retour, en me pariant un déjeuner qu'il y parviendrait.

Il poursuit ses efforts, de planque en filature, il actionne les indics, multiplie les actes d'enquête ; le dossier grossit encore un peu plus…

Début décembre dans la nuit, cet appel, enfin : le suspect du meurtre du fils de Laurence vient d'être interpellé, sur la voie publique, de manière assez mouvementée. Il est placé en garde à vue. Entendu à plusieurs reprises, confronté à certains témoins qui le désignent sans ambiguïté comme le tireur, il conteste toute implication dans les faits.

Présenté devant moi, je le mets toutefois en examen au vu des indices importants qui le mettent en cause. Il ne changera jamais de version au cours des multiples interrogatoires dans mon cabinet, persistant à maintenir sa position malgré le recueil de nouveaux témoignages.

Le service d'enquête continue de rechercher l'autre fugitif, mais en vain…

Quelques mois après, apprenant ma mutation, je me résous à clôturer le dossier sans avoir interpellé le deuxième suspect, ce qui n'empêche pas qu'il soit jugé en son absence par la cour d'assises avec son comparse.

J'apprendrai après mon départ la condamnation du meurtrier du fils de Laurence à vingt ans de réclusion, et celle du fuyard à trente années. Ce dernier sera plus tard interpellé à l'étranger et remis aux autorités françaises pour purger sa peine.

J'ai souvent repensé à Laurence, à cette douceur et cette tristesse que, par pudeur, elle essayait de ne pas montrer. Elle ne manifestait pas sa colère, elle voulait juste me dire à quel point son fils lui manquait et que plus rien n'était pareil sans lui. Je me rappelle comment, à cet instant, toutes mes stratégies et préoccupations d'enquête, toute la hargne que je mettais dans cette chasse à l'homme m'étaient apparues trop petites à côté, presque dérisoires. Je me souviens aussi de m'être sentie redevable envers elle dans les mois suivants et de mon angoisse en pensant à toutes les autres victimes qui attendaient dans mes autres dossiers, avec le même ou un autre chagrin.

LES PETITS PIEDS D'OLIVIA

Cabinet d'instruction, un matin ensoleillé d'été. Je suis un peu nerveuse aujourd'hui ; ça fait quelques mois que j'exerce mes nouvelles fonctions et c'est la première fois que je vais auditionner une très jeune victime. Elle s'appelle Olivia, elle a huit ans. Elle a dénoncé des faits de viol que lui aurait infligés son père, incarcéré depuis sa mise en examen il y a quelques mois.

Il conteste les faits reprochés, mais le dossier comporte des éléments à charge solides, notamment médico-légaux. Le juge des libertés et de la détention n'a pas dû beaucoup hésiter avant de le placer en détention provisoire ; les faits auraient été répétés, sur une enfant très jeune… Mon prédécesseur n'a pas entendu en détail le mis en examen qui s'était peu exprimé lors de son interrogatoire de première comparution[13], et n'a pas auditionné la petite Olivia qui avait très peu parlé devant les gendarmes, manifestement très intimidée.

J'ai donc décidé de procéder à cette audition avant d'interroger le suspect. Ma greffière a convoqué Olivia avec son avocate, que j'apprécie beaucoup : elle travaille fréquemment avec les mineurs victimes et est d'une grande bienveillance. Avant l'audition, je m'entretiens avec elle : elle m'indique que la fillette est stressée, qu'elle n'a pas bien dormi et qu'elle n'a pas voulu manger ce matin. Elle me précise qu'elle n'est pas à l'aise avec les inconnus et encore moins avec la

13. Acte au cours duquel un suspect comparaît pour la première fois devant le juge d'instruction qui décide à l'issue de le mettre, ou pas, en examen.

proximité des gens. À l'École nationale de la magistrature, il nous est recommandé de nous asseoir non loin de l'enfant pendant ce type d'audition : un bureau positionné entre le magistrat et la victime peut donner une impression de trop grande distance, voire d'inaccessibilité. Je décide cependant que je vais rester à ma place habituelle pour ne pas imposer à la petite fille une proximité qui pourrait la mettre mal à l'aise.

Je fais rentrer Olivia après l'avoir rassurée sur le fait que sa maman reste là, dans la salle d'attente, à quelques mètres. Elle jette un œil mi-curieux, mi-inquiet autour d'elle : mon cabinet est grand, très lumineux, mais son mobilier est austère et je n'y ai entreposé aucun objet personnel, tout au plus une petite plante verte qui finira par mourir par manque ou excès d'eau, comme toutes les autres avant elle. À l'instruction, on reçoit beaucoup de public, des enquêteurs et des avocats mais surtout des justiciables (mis en examen, victimes, témoins…), et j'ai donc souhaité que la décoration reste neutre ; pas de photos, pas de bibelots, rien en réalité qui laisse trop deviner la personne que je suis derrière la fonction.

L'enfant s'assied sur la chaise en face de mon bureau, un peu trop haute pour elle : elle s'installe bien droite et me fixe. Son avocate rapproche son siège d'Olivia.

Bon sang ce qu'elle est petite… Je vois bien qu'elle est très intimidée et elle a petite mine, de tout petits yeux gonflés qui me font un peu mal au cœur. Il fait déjà très doux le matin et sa maman lui a mis une très jolie robe jaune vif et lui a fait des petites couettes. Ses pieds ne touchent pas le sol : je vois depuis ma place ses petits souliers vernis qui se balancent doucement dans le vide. Olivia attend, me regardant de ses grands yeux bruns.

À l'École, on ne nous apprend pas à parler de l'innommable à une enfant de huit ans. Un substitut du procureur ne réalise pas d'auditions ou d'interrogatoires, je n'ai donc jamais fait ça et, ce matin-là, une chose me saute aux yeux : je ne sais pas faire. Je suis un peu désarçonnée d'avoir en face de moi une si petite fille… Je m'efforce de n'en rien laisser paraître et d'avoir l'air sûre de moi, rassurante surtout, et je me jette à l'eau.

Je me présente par mon prénom et j'essaie d'expliquer mon métier et mon rôle à Olivia, avec des mots très simples. La fillette est très concentrée. Je commence la discussion en lui posant des questions sur son école, ses copines, ses frères, ses occupations d'enfant, ce qu'elle aime faire… Pour ne pas avoir à m'interrompre en dictant à ma greffière ce qu'il faut retranscrire, ce qui nuirait à la fluidité de l'entretien, je note ses réponses à la volée.

Olivia se détend peu à peu, je l'entends même rire. Elle me parle du petit chaton qu'elle va avoir pour son anniversaire, du prénom qu'elle lui a choisi, elle a hésité entre plusieurs, et cela la fait rigoler de me les énumérer. Olivia pépie un bon moment sur cette histoire de chat, manifestement elle adore les animaux et elle a très hâte qu'il soit à la maison.

Je fais doucement dériver la discussion sur sa maman, ce qu'elle fait comme travail… Les petits pieds de l'enfant cessent soudain de se balancer. Elle me dit que maman ne travaille plus, elle est malade et elle reste à la maison le plus souvent, elle pleure beaucoup. Les yeux d'Olivia sont plus sombres, et elle s'est raidie. Je lui demande pourquoi maman pleure : Olivia m'explique d'une toute petite voix soudain que c'est parce que papa est plus là, parce qu'elle l'a envoyé en prison. J'échange un regard avec son avocate.

« Pourquoi tu dis que tu l'as envoyé en prison ?

– C'est mamoune qu'a dit. »

Je lui fais préciser : Mamoune, c'est la maman de papa.

À l'instruction, on ne doit jamais, autant que possible, suggérer les réponses en posant ce qu'on appelle des questions fermées, c'est-à-dire auxquelles on peut répondre par oui ou non. Le but est que la personne auditionnée livre spontanément son récit des faits, sans être orientée. J'essaie de faire parler Olivia de son papa. Elle dit qu'il lui manque. Ses pieds ont recommencé à se balancer, mais furieusement, de manière saccadée, et ses bras enserrent son petit buste. Elle ne sourit plus, ses yeux sont brillants... Je déteste ce moment.

Elle me dit que papa est plus là car il a été méchant, qu'il lui a fait mal... Après ces derniers mots, murmurés, je perds Olivia. Ses larmes coulent en silence, elle est plus prostrée qu'assise. Je lui propose une pause, qu'elle refuse, secouant juste sèchement la tête de gauche à droite, les mâchoires serrées. J'essaie de changer de sujet et de revenir à des thèmes plus légers, mais toute la gaieté semble avoir disparu. Ne reste que cette petite fille habillée de jaune soleil qui me paraît minuscule au milieu de ce bureau gris où elle n'a rien à faire, avec cette juge inconnue qui interroge des criminels qu'elle ne devrait pas connaître.

J'ai lu le dossier, bien sûr, je l'ai beaucoup travaillé en vue de cette audition. Ce qu'Olivia n'a pas pu raconter en détail aux gendarmes sur ce qu'elle avait subi, le médecin légiste l'a expliqué dans son rapport, après l'avoir examinée. Je n'ai pour ma part qu'une vision médico-légale de ce qu'elle a vécu, mais le peu que je sais est bien assez horrible pour que je puisse imaginer ce que la fillette n'ose pas me décrire.

J'explique à Olivia que je sais que c'est très dur, que je suis désolée de lui parler de choses gênantes et que je vois bien que ça lui fait de la peine. Je lui demande si elle veut arrêter et partir, mais elle secoue la tête de gauche à droite ; je lui demande si elle veut me parler de papa, pareil. Je me sens démunie comme jamais et je tente de nouveau de parler de choses et d'autres. Peu à peu, Olivia chevrote de toutes petites réponses, d'un minuscule filet de voix. Elle a saisi la main de son avocate et la serre fort, que je suis mal...

Je propose à Olivia de lui relire ce qu'elle a dit aux gendarmes, ce n'est pas du tout orthodoxe, mais à ce moment-là je ne vois pas d'autre issue et il va falloir en terminer, je ne veux pas continuer à tourmenter cette petite fille. Elle hoche la tête, alors je relis des passages de son audition.

« C'est comme ça que ça s'est passé ? »

Olivia hoche la tête. Elle répond à quelques questions très matérielles (« Quand ? », « Où ? », « Souvent ? »), mais sur les gestes et actes en eux-mêmes, elle ne dit mot. Ses petits pieds se balancent vite vite. Son avocate d'une voix douce essaie de lui faire détailler un peu plus les faits, mais Olivia reste mutique.

Les minutes me paraissent interminables, et pourtant l'audition ne dure pas très longtemps. Ma greffière, l'avocate et moi-même sommes chamboulées lorsque je dis à Olivia qu'on va s'arrêter là, mais qu'elle peut me poser des questions si elle en a envie.

Elle réfléchit un long moment avant de me demander d'une voix tremblante si papa sera là pour son anniversaire, et s'il pourra voir son chaton qu'avec maman elles vont aller chercher chez tatie.

« Tu voudrais qu'il soit là ? »

Elle hoche la tête. Je lui réponds que je ne pense pas, car il a fait quelque chose de très grave. Je lui glisse également que ce que dit Mamoune, c'est pas vrai, que c'est pas sa faute s'il est en prison mais qu'à cause de cette chose grave qu'il a faite, il fallait la protéger, alors on l'a éloigné de la maison, mais qu'elle n'a rien à voir avec cette décision. J'ajoute que je comprends que quand même il lui manque ; elle hoche la tête plus franchement.

Je finis en disant que c'est terminé, que je ne l'embête plus, qu'elle a été très courageuse : elle me gratifie d'un sourire encore un peu timide, mais il me réchauffe le cœur. Je la remercie et vais lui ouvrir la porte : elle descend maladroitement de sa grande chaise et je la raccompagne jusqu'à la salle d'attente où patiente sa maman, très angoissée : elle a l'air fatiguée et, pour tout dire, à bout de nerfs. Je lui explique en quelques mots comment s'est passée l'audition, en essayant de la rassurer.

Je regarde les petits souliers vernis s'éloigner tandis qu'Olivia, qui a pris la main de sa maman, remonte en sautillant le couloir de l'instruction vers la sortie.

C'est la pire des auditions de mineur que j'ai dû prendre pendant mes années à l'instruction ; j'y repenserai beaucoup par la suite, craignant de l'avoir traumatisée plus encore. Son avocate me rassurera sur ce point en m'indiquant qu'une heure après Olivia gazouillait comme un oiseau et semblait être passée à autre chose.

Malgré plusieurs interrogatoires, le père d'Olivia n'avouera jamais les faits, objets de sa mise en examen.

Il sera condamné à seize ans de réclusion criminelle par la cour d'assises.

CHRISTOPHE ET LA FOULE

Cela fait quelques mois que je suis juge d'instruction et, ce soir, je dois mener ma toute première reconstitution. Une histoire toute simple, bête à pleurer, qui a fini de la pire façon possible puisqu'il y a eu mort d'homme : je suis saisie de faits de meurtre.

Le mis en examen, Christophe, est un jeune homme d'un peu plus de vingt ans : il fait des études de commerce et vit dans une petite maison avec sa mère et ses trois sœurs. C'est une famille modeste, qui peine à joindre les deux bouts : cet été-là, Christophe travaille sur un chantier pour se faire un peu d'argent et aider un peu les siens. Il fait plus jeune que son âge, est très discret et répond toujours à mes questions d'une voix si faible que je dois tendre l'oreille et que, souvent, je lui demande de répéter. Il est très poli, « bonjour Madame le Juge », « pardon Madame le Juge » quand il hésite ou ne se souvient plus. L'expert psychiatre que j'ai désigné pour l'examiner le décrit comme atteint d'une timidité « presque maladive ».

Le soir des faits, il est sorti à scooter car il avait décidé de manger chinois : « J'avais envie de nems », m'a-t-il dit en interrogatoire. Il a mis son casque, pris son sac banane et a vite effectué les quelques kilomètres qui le séparent du petit traiteur. Il est arrivé devant le restaurant et y a rencontré Louis, un gars du village, aussi tapageur que Christophe est invisible. Louis fait peur, il se bagarre souvent, il est très provocateur, il boit beaucoup et ce soir-là, il traîne sur place depuis des heures avec plusieurs de ses amis ; il a déjà bien attaqué son capital sobriété. Ça parle fort, ça chambre beaucoup et, disons-le tout net, ça cherche l'embrouille.

Christophe avec son jean et sa chemisette proprets est une proie facile pour Louis, qui immédiatement s'en approche. Il est plus grand, plus costaud que son souffre-douleur du moment, qui prend très vite peur : il sait que son adversaire s'est déjà battu, souvent, fort, et qu'il a fait de la prison pour ça. Quand Louis le bouscule et fait tomber sa casquette, le jeune homme bat en retraite et s'engouffre dans le restaurant où il commande son repas, appréhendant déjà le moment où il va devoir ressortir. Il entend des éclats de voix et de rire dehors et s'apprête à se précipiter vers son scooter pour quitter les lieux au plus vite… Mais Louis n'en a pas fini avec lui et, sitôt qu'il est dehors, son adversaire lui arrache son sac et des deux mains le pousse au niveau des épaules. Il braille, éructe, se moque… Veut-il vraiment lui faire du mal ? Plus tard, ses amis qui, pour l'instant, se gaussent, affirmeront que non : Louis plaisante, certes de manière un peu virile, mais rien de bien méchant… En attendant, Christophe est terrifié et tente de partir, mais Louis, hilare, fait mine de lui donner un coup en arrêtant son poing juste devant son visage avant de le pousser, le faisant chuter lourdement sur les fesses, déclenchant de nouveaux éclats de rire. Christophe au sol fulmine, ressent un mélange de douleur et d'humiliation… Soudain, il voit rouge : il n'a rien fait, n'a cherché querelle à personne et le voilà là, moqué de tous, par terre… Il entrouvre son sac banane et se saisit du couteau dont il se sert lors des repas de midi, sur son chantier. Il se redresse en bondissant d'un coup et frappe Louis, fort, dans le thorax : son ennemi s'écroule très vite. Le temps que les secours arrivent, il s'est éteint, vidé de son sang. Christophe est déjà bien loin : craignant des représailles, il a enfourché son scooter et est rentré chez lui.

Très vite interpellé, il reconnaît avoir porté le coup de couteau à l'origine de la mort de la victime ; il raconte avoir eu peur, peur de prendre des coups et de ne pas pouvoir partir, il décrit aussi son sentiment d'humiliation, de colère, et d'un coup ce besoin impératif de faire en sorte que Louis se taise, arrête de se moquer de lui et de se croire supérieur, cette envie de lui faire mal.

Présenté devant mon prédécesseur, il a été mis en examen du chef de meurtre et placé en détention provisoire, il y a de cela plus de dix mois. Son incarcération ne se passe pas bien : Christophe est fragile et il ne fait pas le poids face à ses codétenus dont certains ont des profils très lourds dans ce centre pénitentiaire qui n'a pas bonne réputation. Il comprend qu'il soit en prison, mais souhaite être transféré et a écrit en ce sens à plusieurs reprises au juge d'instruction, sans succès.

À mon arrivée, je m'efforce d'entendre rapidement les mis en examen qui sont détenus dans mon cabinet : lors de son interrogatoire, il maintient sa version, qui n'a jamais varié. L'enquête qui s'est poursuivi depuis sa mise en examen n'a pas apporté d'élément nouveau. Aucun des membres de la famille de Louis ne s'est constitué partie civile. Je décide de convoquer sa mère et ses frères, pour me parler un peu de la victime, en vain : personne ne se présente à mon cabinet.

Il est temps de terminer cette instruction et pour ce faire d'organiser la reconstitution, comme il est d'usage s'agissant des crimes de sang. Pour nous trouver en conditions réelles, elle aura lieu le soir : il fait donc presque nuit quand j'arrive sur les lieux avec ma greffière. Christophe se trouve encore dans le camion, avec l'escorte.

Sur place, il y a beaucoup de monde : les badauds se pressent pour assister aux opérations et même si les gendarmes ont positionné des barrières pour empêcher l'accès à la scène de crime proprement dite, impossible matériellement d'empêcher les villageois de venir scruter l'attraction du jour. Les faits se sont déroulés sur la place principale du village, dont on dirait que tous les habitants se sont déplacés. L'ambiance est presque joyeuse, ce qui me met mal à l'aise.

Je suis en train de faire le point avec le directeur d'enquête, ma greffière notant la liste des personnes présentes, quand arrive la mère de Louis, suivie de son fils aîné. C'est une femme vieillie avant l'âge, voûtée et l'œil perçant. Quant à lui, il est manifestement ivre et, immédiatement, il m'invective ainsi que les gendarmes, avant de hurler des insultes et des menaces en direction du camion dans lequel se trouve le meurtrier de son frère. La foule bruisse, la tension monte très vite. J'essaie de nouer le dialogue, mais je comprends très vite que toute tentative est vaine : l'intéressé essaie de franchir les barrières, continue de crier jusqu'à ce que je perde patience et, lasse, demande aux gendarmes de lui faire quitter les lieux, ce pour quoi ils sont obligés d'employer la force.

La reconstitution peut démarrer et Christophe descend du camion : il porte des menottes et un gilet pare-balles. Il tremble et paraît encore plus tétanisé lorsqu'il se rend compte du nombre de paires d'yeux rivées sur lui : je le sens prêt à flancher. Je lui explique le but de l'opération, mimer la scène et ainsi pouvoir comprendre le déroulement chronologique des faits. Un gendarme va jouer le rôle de Louis, accepte-t-il de jouer le sien ?

« Je vais pas pouvoir, Madame le Juge, tous ces gens… »

Ses yeux sont rivés au sol et l'escorte le soutient physiquement.

« Monsieur, vous n'allez pas regarder ces gens, vous allez me regarder moi seulement, vous n'écoutez que mes questions, on va y aller doucement et on va y arriver, ça va aller ? »

Christophe me regarde, jette un œil à son avocat qui le rassure lui aussi, et hoche la tête.

Les opérations commencent, petit à petit on déroule la scène. Je sens que le mis en examen a envie de battre en retraite, de s'enfuir à toutes jambes, de se réfugier dans le camion qui le ramènera tout à l'heure en prison et de pouvoir ainsi échapper aux yeux de cette foule qui le fixe, qui commente ses gestes, qui par moments pousse des exclamations plus ou moins étouffées, qui rit, qui proteste, qui parfois l'invective avant qu'un gendarme n'intervienne pour revenir à un semblant de calme… Christophe raconte, d'une voix très basse et presque inaudible, ce qui s'est passé ce soir-là. Il mime l'altercation avec Louis, le coup de couteau fatal… À chaque étape, un enquêteur prend des photographies.

« On devrait pas être ici, ça aurait pas dû arriver… », chuchote Christophe, les yeux sombres et très brillants, après le tout dernier cliché, avant de signer le procès-verbal et de remonter dans le véhicule.

J'ordonnerai son transfert dans un établissement pénitentiaire réputé moins difficile quelques jours plus tard, puis sa mise en accusation devant la cour d'assises de mon ressort quelques semaines après ; elle le condamnera à douze années de réclusion.

LE MAUVAIS CHEMIN DE MARTIN

16h50, je suis à mon cabinet à travailler l'un des interrogatoires programmés pour le lendemain quand je reçois le SMS tant attendu de l'un des enquêteurs avec qui je travaille depuis des mois sur un gros trafic de stupéfiants :

« 16h35, placement en garde à vue de Martin P. »

Je m'empresse de le dire à ma greffière : « On le tient ! »

Martin est suspecté d'être la tête de réseau et il ne fait pas dans la vente au détail : il fait partie des deux ou trois chefs de bande qui tiennent la cocaïne et le cannabis sur mon ressort. Il évite de s'occuper des basses besognes lui-même : il a des petites mains pour ça, des logisticiens, des guetteurs, des petits revendeurs, quelques fidèles lieutenants pour surveiller toute l'organisation… Et des mules. Des jeunes femmes qui acceptent, contre la promesse de quelques milliers d'euros, de transporter dans leur corps d'un point A à un point B de la cocaïne conditionnée en boudins, au mépris de leur avenir si elles se font interpeller et surtout de leur vie : si le conditionnement lâche, très rapidement, c'est l'overdose et la mort. C'est d'ailleurs après le décès d'une mule que l'un de mes collègues, juge d'instruction au bout du couloir, a commencé à enquêter sur le commanditaire qui avait payé le voyage de la défunte : ses investigations ont révélé un autre trafic, dont le procureur de la République m'a saisie…

Mon suspect numéro un a une existence d'hommes d'affaires : il voyage beaucoup, mène grand train avec voitures de luxe, loft tout équipé au beau milieu de son quartier qu'il fait majoritairement vivre, en échange de la coopération de ses petites mains et de leurs familles, et bien sûr de leur silence. En cas d'interpellation, le nom de Martin n'est jamais prononcé, c'est le deal : pendant l'exécution de la peine du petit revendeur – ou de la mule – qui est immanquablement et souvent sévèrement condamné puisqu'il décide de porter seul la responsabilité des infractions commises, le chef s'assure que sa famille ne manque de rien, que le loyer et les crédits sont payés. La sanction est connue d'avance pour les bavards impénitents : leur entourage est lâché, voire menacé, et surtout Martin vient régler ses comptes à la sortie. La perspective est manifestement assez inquiétante pour que le système soit bien verrouillé : si ce n'est les indics rémunérés pour cela et qui parlent sous couvert du secret, personne n'a jamais balancé Martin. Suspecté par les services d'enquête locaux depuis des années, il s'en est toujours sorti.

J'espère bien que, cette fois, ce sera différent : depuis des mois, un service spécialisé travaille sur lui et a mis en place d'importants moyens, beaucoup d'enquêteurs se sont investis dans le dossier.

Et aujourd'hui, c'est le grand jour : Martin a été interpellé à la descente de l'avion dans lequel il voyageait sous un faux nom. Deux policiers se sont avancés vers lui : « Martin P… » Ce n'était pas une question : le suspect a bien compris qu'il était inutile de mentir, alors il s'est contenté d'incliner la tête et de faire un vague sourire. Il les a suivis sans difficulté.

Je suis fière de mes enquêteurs : le dossier est solide et, à la vérité, peu importe qu'ils obtiennent ou pas des aveux, même si bien sûr ce serait la cerise sur le gâteau. Le policier en charge de sa garde à vue va contre toute attente parvenir à faire parler Martin, une fois que ce dernier a compris qu'on avait en grande partie cerné sa manière de fonctionner : tant qu'il n'est pas question de décrire l'implication de ses proches, il se montre même plutôt bavard, il explique son trafic, où, quand, comment, combien... Oh bien sûr, et c'est de bonne guerre, il minimise le « combien », mais qu'importe.

Il donne une fausse adresse aux enquêteurs, mais ceux-ci ont déjà localisé son véritable logement : en les voyant emprunter le chemin de ce dernier alors qu'ils prennent la route pour la perquisition, il les félicite, beau joueur. La nouvelle de sa chute a déjà circulé et fait le tour du quartier : devant chez lui sont rassemblés ses proches, hostiles, presque menaçants. Il leur intime le silence et les disperse d'un geste.

Au bout de quatre-vingt-seize heures de garde à vue, Martin m'est présenté : il a déjà reconnu l'essentiel des faits objets de l'instruction, et ni sa mise en examen ni son placement en détention provisoire ne font le moindre doute... Il est un peu irritable : il est habitué à un meilleur standing que celui auquel il a été soumis pendant les quatre derniers jours. Il choisit de garder le silence.

Même fatigué, même tendu, Martin est de ces délinquants qu'on ne croise pas (plus) beaucoup : il a joué et il a perdu, certes, mais il ne flanche pas, son assurance reste entière et, même encadré par une escorte, il ne vacille pas. On sent qu'il est de ceux qui n'auront aucune difficulté à se faire une place enviée en détention. Il me demande poliment si je peux procéder rapidement : il souhaiterait arriver en maison d'arrêt au plus vite, il a besoin de se reposer.

Il est incarcéré dans le centre pénitentiaire de mon ressort, un établissement réputé dur, sale, surpeuplé... Très vite, il revendique de meilleures conditions de détention, plus d'hygiène, ne pas dormir par terre – ce qui n'est bien sûr pas son cas... Son transfert m'est très vite réclamé, car c'est un élément perturbateur d'après l'administration. Je refuse dans un premier temps, mais la tension monte progressivement et le changement de maison d'arrêt est finalement inévitable.

Je transfère le mis en examen dans une prison proche d'une partie de sa famille afin qu'il ne soit pas trop isolé.

Sans doute parce qu'il a constaté que je m'efforçais de ne pas rendre sa détention inutilement pénible, les interrogatoires se passent de manière assez sereine : Martin ne donne aucun nom permettant d'incriminer d'autres suspects, mais il détaille l'organisation de son trafic. Il admet le recours à des mules, qu'il reconnaît volontiers mettre en danger même s'il s'efforce de minimiser les risques : les affaires sont les affaires, et tout a un prix.

Une fois qu'on a fait le tour des infractions reprochées, je lui demande comment il s'est ainsi enfoncé dans la délinquance : il m'explique avoir il y a des années été interpellé et finalement condamné en comparution immédiate pour des violences à un an d'emprisonnement, faits commis au préjudice d'un habitant de son quartier qui lui cherchait depuis bien longtemps querelle, le menaçait, harcelait ses proches. Il n'avait pas le sentiment d'être responsable de ce qui s'était passé. À partir de là, sa vie n'a été qu'une lente dérive, alors qu'il avait des projets, un avenir… Il a basculé et choisi ce chemin, sans doute un mauvais chemin, mais c'est le sien. Bien longtemps après, son sentiment d'injustice semble toujours vivace ; alors non, ce n'est pas une excuse, ça ne justifie pas ce qu'il est devenu, mais c'est comme ça, c'est ce qu'il est aujourd'hui.

Presque un an après son interpellation, je le renverrai devant le tribunal correctionnel, avec plusieurs de ses lieutenants.

Entre-temps, je le mettrai de nouveau en examen, une tentative d'assassinat sur fond de dettes de stupéfiants… Martin n'est pas un gentil et il a beau rester toujours poli, toujours maître de lui-même y compris lorsque je le contredis, il a beau déployer des trésors de charme y compris avec sa juge d'instruction tant il est habitué à obtenir ce qu'il souhaite, on sent toujours chez lui un danger sourd qui affleure. Son ancrage dans la délinquance et sa connaissance des codes du milieu sont tels qu'il est difficile de lui prédire un avenir autre que la prison ou une balle dans la tête dans un sombre règlement de comptes entre concurrents.

Alors que la nouvelle de ma mutation prochaine a fait le tour de la juridiction, je reçois une lettre de Martin depuis la détention. Il m'annonce avoir appris mon départ à venir et tenir à me remercier de l'avoir respecté au cours de nos différentes entrevues, de lui avoir donné une image droite de la justice. Il précise avoir attendu pour me le dire, pour ne pas être suspecté de quémander une quelconque indulgence ou un avantage indu. Il ajoute espérer me revoir un jour lorsqu'il aura retrouvé le chemin de la loi.

Martin sera condamné quelques semaines après mon départ à huit années d'emprisonnement, en attendant, peut-être, d'autres procès.

SABINE ET SES MENSONGES

Jour de confrontation dans mon cabinet d'instruction : je suis saisie de faits de viol dénoncés par une jeune femme, Sabine, à l'encontre d'un ex-compagnon, Martial. Selon elle, il lui a imposé un rapport sexuel d'une grande brutalité sur le parking d'un supermarché, en dehors des heures d'ouverture, et ce, parce qu'il ne supportait pas qu'elle l'ait quitté.

Martial nie fermement depuis le début : il a appris l'existence de la plainte avant d'être convoqué par la gendarmerie et s'y est présenté spontanément, pressé de répondre aux accusations dont il faisait l'objet. À l'issue de sa garde à vue, le procureur de la République a décidé de l'ouverture d'une information judiciaire.

À la seule lecture de la procédure, on n'a pas vraiment envie de faire connaissance avec Martial, qui claironne qu'« avec son physique » il n'a « besoin de forcer personne », propos qu'il a été jusqu'à tenir devant moi lors de l'interrogatoire de première comparution, moment où je l'ai fermement recadré.

J'ai déjà auditionné Sabine : elle a beaucoup pleuré dans mon bureau, tout comme elle avait manifesté beaucoup d'émotion devant les gendarmes et devant l'expert psychologue qui a diagnostiqué un syndrome de stress post-traumatique massif et l'a jugée parfaitement crédible dans ses déclarations. C'est notamment ce qui a motivé le procureur à ouvrir une information judiciaire, Sabine paraissant extrêmement marquée par les faits…

L'instruction se déroule de manière assez classique, commission rogatoire, expertises et confrontation réclamée par la défense : je n'ai aucune raison de ne pas l'organiser alors même que Sabine a affirmé vouloir voir en face son agresseur devant l'expert psychologue, qui estime que cet acte est possible au vu de l'état psychique de la partie civile.

Problème : elle ment.

Le lieu des faits était sous vidéosurveillance et, par miracle, les bandes avaient été conservées lorsque les enquêteurs sont allés les réclamer au gérant du supermarché : Martial et Sabine se sont bien vus ce jour-là et il y a eu une conversation, manifestement tendue. Elle a eu un geste tendre envers lui, qu'il a repoussé. La vidéo ne laisse pas apparaître le rapport sexuel forcé que Sabine affirme avoir subi à cette date et à cet endroit-là, indications sur lesquelles elle a été formelle. Si les faits avaient eu lieu, on devrait y assister. Les enquêteurs ont vérifié dans les jours précédents et suivants, imaginant que peut-être la plaignante s'était trompée de date, mais ça ne colle pas, c'est la seule fois où ils se sont vus.

Des témoins l'ont rencontrée juste après cette entrevue, elle n'est donc pas rentrée directement à son domicile comme elle l'a affirmé lors de son dépôt de plainte, et elle n'était pas comme elle a pu le dire effondrée : elle s'est confiée à certains proches et elle était surtout en colère face au manque de respect de Martial envers elle, à ses infidélités… Elle a dit à ses amis que c'est lui qui avait décidé de mettre un terme à leur liaison, pas l'inverse comme elle l'a indiqué aux gendarmes.

D'autres éléments de preuve viennent conforter ce constat : Sabine ment.

J'ai souhaité organiser une deuxième audition de partie civile pour pouvoir aborder ces derniers éléments, mais Sabine n'a pas répondu à cette convocation ; elle est très prise et son avocat m'a fait savoir qu'elle souhaitait que l'instruction avance et voulait être convoquée en vue de la confrontation. Soit.

Aujourd'hui sont présents Martial, Sabine, leurs conseils respectifs, ma greffière et moi. L'ambiance est tendue, comme presque toujours lors des confrontations. Elle pleure, est presque prostrée sur sa chaise ; il est odieux et tient des propos d'une muflerie rare.

Après avoir recueilli leurs versions respectives, qui restent constantes, je déroule les éléments recueillis au cours de l'instruction, et force est de constater qu'il semble que Sabine n'ait pas dit toute la vérité. Elle s'insurge et m'accuse de ne pas la croire : je lui explique qu'il ne m'appartient pas de croire l'un ou l'autre, mais de chercher des preuves, et qu'en l'espèce elles ne vont pas dans son sens.

Martial est triomphant et se rengorge : je le fais taire sèchement.

J'interroge Sabine, comment en est-elle venue à cette plainte, peut-elle m'expliquer ? Aucune réponse, elle finit par quitter mon bureau en colère et en pleurs…

Je serai saisie d'un réquisitoire supplétif[14] contre Sabine des chefs de dénonciation calomnieuse et dénonciation de crime imaginaire, infractions qu'elle ne reconnaîtra jamais mais qui lui vaudront un renvoi devant le tribunal correctionnel et une condamnation par cette juridiction, la preuve de ses mensonges étant clairement rapportée.

Elle n'expliquera jamais pour quelle raison elle avait formé ces accusations. Je me souviendrai longtemps de la force de ses sanglots lors de sa première venue dans mon bureau et de la colère qui brillait

14. Acte par lequel le procureur de la République saisit le juge d'instruction de nouveaux faits sur lesquels il est chargé d'enquêter.

dans ses yeux au moment de me reprocher de ne pas la croire ; je les garderai longtemps à l'esprit comme nouvelles preuves, s'il en était besoin, de l'impérieuse nécessité de ne jamais se fier aux apparences.

LA TERRE DE GRÉGOIRE

Cabinet d'instruction : ce matin je reçois le mis en examen le plus âgé de mon cabinet. Il n'est pas menotté quand il arrive : le personnel de l'administration pénitentiaire l'entoure sans le serrer de très près, car à le regarder ainsi un peu voûté avancer en traînant les pieds, presque grinçant semble-t-il, on sent bien qu'il ne pourrait pas s'enfuir bien loin.

La lecture du dossier rappelle toutefois qu'il faut se méfier de l'eau qui dort : Grégoire est suspecté d'assassinat, rien de moins, et si à la fin de l'information judiciaire je dispose de suffisamment de charges pour le mettre en accusation devant la cour d'assises, il encourra la réclusion criminelle à perpétuité.

En interrogatoire, Grégoire est un peu bourru mais plus agréable que beaucoup de mes mis en examen. Il ne fait jamais de longues réponses : les grands discours, ce n'est pas son genre.

Grégoire est plutôt porté sur les choses concrètes et pour lui, l'important, c'est la terre.

Il y a un peu moins d'une décennie, il a perdu son père, mort dans son sommeil après ses quatre-vingt-dix ans. Cette perte déjà cruelle en soi a ouvert une guerre de succession entre Grégoire et ses frères et sœurs issus du premier mariage du patriarche et les Autres, ses enfants d'un second lit. En tout, onze héritiers directs pour venir se disputer la petite parcelle de terre du défunt et la petite ferme implantée dessus. Grégoire estime – et c'est bien le plus important non ? – que ce patrimoine doit revenir à sa branche : il habite à proximité, il a toujours aidé à la ferme, et son fils après lui, ce dernier serait d'accord pour prendre la suite sur l'exploitation.

En vérité, bon nombre des membres de la fratrie, premier comme second lit, se préoccupent bien peu de cette succession, source leur semble-t-il de beaucoup de tracasseries lorsqu'ils songent à la valeur toute relative du bien qu'il faudra de surcroît partager en onze… Les frères et sœurs de Grégoire sont tous prêts à faire don de leur part, mais pas tous les Autres, menés par leur aîné, René, déterminés à ne rien lâcher. Grégoire ne peut pas financer le rachat de la ferme : il vit modestement et son fils n'est guère plus fortuné.

Qu'à cela ne tienne, ont conclu les Autres : on va vendre… Vendre à un étranger, pour une bouchée de pain ?

Ces mots ont sonné comme une déclaration de guerre et depuis, effectivement… l'affrontement est permanent, mené sans relâche devant le tribunal dans une action en justice qui a englouti les maigres économies de Grégoire et une bonne partie de celles de son fils. Toutes les voies de recours sont utilisées, ça traîne, ça s'enlise, et pendant ce temps-là les rancœurs se cristallisent et la haine s'installe. Quand elles n'ont pas lieu devant le juge, les batailles se livrent à la ferme : Grégoire est voisin de la parcelle de son père et René ne cesse d'y venir, sans aucun doute pour le provoquer et essayer de rallier à sa cause les membres de sa propre famille… Le vieil homme appelle les gendarmes, mais ils ne se déplacent pas pour cela : René a le droit d'être là. Ils en ont assez de cette guéguerre ridicule, des plaintes réciproques à chaque rencontre, pour injures, pour menaces, pour violation de domicile pour un pied posé sur la parcelle sacrée : Grégoire et René, soutenus par leurs descendances respectives, s'accusent des pires turpitudes. Bien entendu, le procureur classe sans suite, parce qu'aucune infraction n'est caractérisée : il a bien tenté d'organiser une médiation une fois, pas parce que la procédure avait la moindre chance d'aboutir mais juste, de guerre lasse, pour que les deux hommes essaient de se parler, pour une fois sans invective, sans reproche : ça a été un échec cuisant et, sans surprise, nouveau classement sans suite.

Cette histoire importune tout le monde, y compris le fils de Grégoire, mais qui n'ose pas le dire à son père : celui-ci se met en colère sitôt qu'on essaie de le raisonner.

Le vieil homme rumine. Il tourne en boucle. Il dort mal, il mange mal. Ça ne peut plus durer, c'en est trop, et puisque personne ne veut régler le problème, ni le juge, ni les gendarmes, ni le procureur… il va s'en charger seul. Il va faire en sorte que la mémoire de son père soit respectée, lui, il ne se serait jamais laissé faire par un pignouf comme ce René, il dit ça Grégoire, « pignouf », il grommelle en allant de son canapé à sa fenêtre pour surveiller ce qui se passe dehors, de la fenêtre à sa chambre où il ne trouve pas le sommeil et d'où il retourne sur son canapé, l'oreille tendue pour guetter le moindre bruit suspect…

Ce mercredi-là, il entend une portière claquer et des voix sur le terrain voisin. Il traîne ses vieilles pantoufles jusqu'à la fenêtre et jette un œil : c'est lui ! Encore là, à le haranguer. Demi-tour et direction l'armoire. Il se saisit de son vieux fusil : il chassait dans le temps, du gros gibier. L'arme est ancienne mais fonctionnelle ; il y a quelque temps, sans s'en avouer les vraies raisons, il l'a démontée, nettoyée, essayée… et rechargée, avant de la ranger. Au cas où, s'est-il dit, on ne sait jamais ce qui peut arriver.

Grégoire sort de la maison. De le voir là, de l'entendre se pavaner, faire le beau, pérorer… Pignouf. Ça le rend comme fou.

Il s'avance, crie pour signaler sa présence et lève son fusil, le braquant vers son demi-frère, qui en reste bouche bée. Grégoire le contemple et savoure son ascendant : René fait moins le malin d'un coup… Le vieil homme ne prononce pas un mot, il tire, une fois, deux fois. Son ennemi juré s'écroule. Il ne se relèvera jamais.

De retour chez lui, Grégoire pose le fusil sur la table de cuisine et il attend, il sait que les gendarmes ne vont pas tarder.

En garde à vue, il assure que le fusil ne visait qu'à impressionner la victime, pour qu'il s'en aille ; mais alors pourquoi avoir tiré ? Le coup est parti par accident. Le deuxième ? Le suspect s'emmêle, la panique, tout ça… Les gendarmes froncent les sourcils : deux coups par accident en plein dans le thorax de son ennemi juré, voilà qui tombe à pic.

Le procureur me saisit de faits de meurtre avec préméditation et je fais la connaissance de Grégoire : il ne me paraît pas déstabilisé par le fait d'avoir ôté la vie d'un homme, juste un peu désorienté par la procédure et par l'éventualité de dormir en prison ce soir. Il répond calmement et poliment à mes questions. Sa moustache tremble d'indignation quand il me reparle de la terre familiale et de René qui ne voulait rien savoir. Il est désolé que tout ça ait pris de telles proportions, mais il semble en réalité plus navré par les conséquences de son acte que par l'acte en lui-même.

Je mets Grégoire en examen pour assassinat, je prends note des réserves de son conseil quant à l'intention d'homicide et la préméditation.

Les mois passent et l'instruction avance : plusieurs voisins et proches de Grégoire indiquent que ce dernier leur avait dit que la guerre allait bientôt prendre fin, qu'il y veillerait… Ils n'y avaient pas véritablement fait attention car, honnêtement, ils en avaient tous assez de ce seul et unique sujet de conversation ; le vieil homme leur avait juste paru radoter un peu plus qu'à l'accoutumée.

L'expert balistique exclut le coup parti par accident, et a fortiori le deuxième : le fusil bien qu'ancien fonctionnait très bien, il est nécessaire d'exercer sur la détente une pression telle que cette hypothèse des deux coups « partis tout seuls » est invraisemblable.

Aujourd'hui, je reçois Grégoire et je lui explique dans des termes simples cette expertise ; je lui fais aussi part des témoignages recueillis par les gendarmes, selon lesquels il avait fortement sous-entendu qu'il allait « mettre un terme définitif » à son litige avec René. Je lui dis que la procédure donne quand même l'impression qu'il a bien fini par le faire, comme il l'avait prédit, et que la thèse de l'accident dans ce contexte… Supprimer son pire ennemi sans le faire exprès dans un moment de panique, n'est-ce pas bien commode finalement ?

Grégoire sourit sous sa moustache blanche et prend du temps pour me répondre :

« Madame le Juge, je l'ai toujours dit, j'avais prévenu… Ça devait mal finir. »

Il ne modifiera jamais sa version d'un iota jusqu'à la fin de l'instruction, toujours calme et poli, mais sans jamais verbaliser le moindre remords d'avoir ôté une vie.

J'ordonnerai sa mise en accusation devant la cour d'assises du chef de meurtre avec préméditation et serai mutée avant la tenue de son procès.

LE PRIX À PAYER

En plus de la gestion de mon cabinet d'instruction, je contribue à ce qu'on appelle dans un tribunal le « service pénal général » : je siège aux comparutions immédiates une à deux fois par semaine et régulièrement comme assesseur à la cour d'assises de mon ressort.

C'est le cas aujourd'hui puisque je participe au jugement d'une affaire de meurtre.

Le cérémonial des assises ne me laisse jamais indifférente. La salle est majestueuse, la procédure y est très codifiée et avant même le début de l'audience une certaine solennité est palpable, la conscience de la gravité de ce qui va se passer, et ce, quelle que soit la place qu'on occupe dans le procès. Je la percevais lorsque j'y exerçais les fonctions d'avocat général et maintenant que j'y siège, cette sensation est la même.

Je ne peux qu'imaginer ce que ressentent les personnes dont le nom est appelé alors que la présidente de la cour pioche un à un dans une urne les petits morceaux de papier où sont inscrites les identités de ceux qui, pendant trois jours, vont décider de l'avenir d'un homme.

Les uns après les autres, l'air intimidé, les futurs jurés se lèvent et s'avancent vers leur siège ; pour certains d'entre eux, la pression retombe d'un coup alors que la défense ou l'avocat général font valoir leur droit à récusation[15]. Sans avoir à expliquer pour quelle raison, ils s'écrient alors « récusé ! », mot qui résonne fort dans le silence qui règne dans la salle. L'intéressé est-il alors vexé, vaguement soulagé, déçu, peut-être un peu des trois ? Il retourne en tout cas s'asseoir dans la salle et ne participera pas au jugement de l'affaire.

Le jury est rapidement constitué pour le jugement de Victor. Il est accusé d'avoir ôté la vie à Ana, qui lui vendait son corps pour quelques dizaines d'euros. Les faits ont été commis avec une brutalité certaine d'après ce que m'a brièvement indiqué la présidente de la cour avant qu'on entre s'installer : Victor a égorgé sa victime, ce qu'il reconnaît.

Le procès démarre et ma collègue résume les faits dont la cour est saisie.

Victor était un client régulier d'Ana depuis plusieurs mois. Selon l'entourage de la victime, il n'était pas de ceux dont elle craignait la visite : il était correct et ne posait aucun souci particulier. Ana le classait même parmi les gentils : il venait parfois avec un petit cadeau, rien d'extravagant, il demandait des nouvelles, il restait boire un café… Ils papotaient un peu, oh ça restait sommaire : elle parlait peu le français et, le concernant, il n'est pas très bavard. D'après l'expert psychologue qui l'a rencontré en détention, Victor est « frustre », un gars simple, introverti. Un peu limité au niveau cognitif, mais il se débrouille dans la vie : il travaille, il a des revenus modestes, mais ce n'est pas un grand dépensier, alors il vit très correctement. C'est un vieux garçon, éternel célibataire d'environ quarante-cinq ans, qui vit avec sa mère. Il n'a pour ainsi dire pas d'amis.

15. Droit dévolu à la défense et à l'accusation de refuser qu'un juré tiré au sort fasse partie du jury, sans avoir à motiver leur décision.

Victor raconte que ce jour-là, comme souvent, il a un peu parlé avec Ana, de tout et de rien. Il avait déjà payé, toujours à l'avance, ça aussi comme d'habitude. Il a eu envie de lui proposer une sortie tous les deux, quelque chose sans prétention, pour changer un peu du petit appartement où ils se voyaient toujours… Et elle s'est moquée de lui. Il ne l'a pas supporté, il lui a répondu de manière agressive, en criant. Elle lui a dit de partir, tout de suite ; il a exigé remboursement et, là encore, elle a ricané, elle l'a poussé brusquement vers la porte de sortie, il a senti comme du mépris. Ana avait son caractère et elle l'a bousculé. Il a vu rouge. Il a saisi un couteau dans la cuisine… Il s'est placé derrière elle, s'est saisi d'elle, l'a immobilisée et…

Victor affirme avoir été épouvanté sitôt son crime accompli. Ana était là par terre, au milieu de tout ce sang, il a immédiatement compris que c'était trop tard et qu'elle était morte. Il s'est enfui en courant, en laissant la porte de l'appartement entrouverte ; on pouvait voir le corps et le couteau abandonné à terre de l'extérieur et c'est une voisine qui a donné l'alerte.

L'accusé savait bien qu'on allait très vite remonter à lui, il était connu dans l'immeuble. Il n'a rien fait pour échapper à sa responsabilité : il n'a pas lavé ses vêtements qui portaient des traces du sang de sa victime et, très vite, il est passé aux aveux. Il a expliqué ce qui s'était passé, des phrases courtes, des réponses brèves aux questions des policiers, oui, non, sans affect et d'un ton neutre, un peu monocorde.

María s'avance à la barre : c'est la fille d'Ana. Elle a appris en même temps que sa mère avait perdu la vie et la manière dont elle la gagnait. C'est une dame qui l'a appelée pour la prévenir, une voisine. Plus tard, elle a reçu un appel de la police.

María est jeune et très belle : dans ses traits on reconnaît sans peine ceux qu'on distingue sur les photos de la découverte du corps supplicié de la victime, sur la scène de crime. Elle ne parle pas français et est venue de l'étranger pour le procès. Une interprète se tient à ses côtés en permanence pour essayer de lui traduire les débats en temps réel, tâche qui n'est pas toujours simple.

Elle raconte qu'Ana s'occupait bien d'elle lorsqu'elle était petite et était venue en France pour fuir la misère de leur village d'origine ; elle croyait que sa mère vendait des fruits et des légumes. Elle pensait que cela se passait bien pour Ana qui lui envoyait régulièrement des mandats, pas grand-chose, mais de quoi grandement améliorer le quotidien. Quand elle est venue récupérer les affaires de sa mère dans le petit appartement un temps placé sous scellés, elle a compris en voyant le logement minuscule et les vêtements qu'Ana portait qu'il n'y avait jamais eu de vente de fruits et légumes : au début, elle n'avait pas voulu le croire.

Elle a pris un avocat pour qu'il lui dise ce qu'il y avait dans le dossier, et pour comprendre : elle a ainsi eu connaissance des conclusions du légiste, ce couteau, ce geste net et précis au niveau de la gorge… María pleure et, dans sa langue natale, elle crie :

« Ce qu'il lui a fait, on ne le fait pas à un animal ! »

L'interprète tente de suivre et de traduire au fur et à mesure tandis que María se cramponne à la barre, les joues noyées de larmes. À la question de son avocat : « Qu'attendez-vous de ce procès ? », elle crache sa rage : « Je veux qu'il paie le prix ! », et on sent toute sa colère, toute sa haine. Sa voix retentit très fort dans la salle d'audience, complètement silencieuse. Je reste imperturbable : l'émotion ne doit prendre aucune place ou en tout cas ne pas se voir, pas maintenant, surtout pas. Je sens les jurés très tendus. Ils bougent un peu sur leur siège et, de temps en temps, jettent un coup d'œil à Victor ; je perçois un éclat de colère dans le regard de l'un d'entre eux.

L'avocat général n'a pas de questions, la défense tassée sur sa chaise non plus : María retourne s'asseoir, chancelante, et s'effondre la tête entre ses mains.

La présidente suspend l'audience quelques instants. Pendant qu'elle gère avec le greffier un problème de convocation d'un expert, l'autre assesseur et moi soutenons les jurés : l'audition de María les a beaucoup secoués et ils ressentent le besoin d'en parler, comme pour évacuer avant de poursuivre les débats.

L'audience reprend.

María ne comprend pas entièrement ce qui se dit à la barre ou dans le box de l'accusé, l'interprète ne parvenant pas toujours à tout traduire au fur et à mesure ; de temps en temps, elle attrape au vol un mot plus dur que d'autres. On entend alors distinctement ses pleurs. La cour feint de ne pas y faire attention ; en réalité, je sens que la présidente est mal à l'aise avec ces démonstrations de douleur omniprésentes. Quand le bruit de ses sanglots est trop présent, la présidente hausse la voix, fronce les sourcils et demande au témoin ou à l'expert de parler plus fort : l'huissier se précipite alors vers la victime, un verre d'eau, un mouchoir…

Une fois tous les témoins et experts cités entendus, la présidente demande à Victor de se lever. Je sens qu'elle est frustrée, tout comme l'accusation et le jury, de ses réponses laconiques, de ses monosyllabes, qui paraissent bien dérisoires à côté de la dureté des faits.

En réalité, Victor fait, je crois, ce qu'il peut avec le bagage et les capacités qui sont les siens. Faire des grandes phrases, verbaliser son ressenti, analyser son passage à l'acte… ce sont des choses très difficiles pour lui. Il sent que ça fâche ses juges, alors il réfléchit, l'air très concentré, et il se rend bien compte que ses réponses pourtant mûrement réfléchies ne satisfont personne… Au milieu d'un tir croisé de questions nourri par la présidente, l'avocat de María et l'avocat général, Victor essaie d'expliquer ce que tout le monde ici cherche à savoir, pourquoi, mais enfin, POURQUOI ?? Chacun s'escrime, tourne autour de cette interrogation qui renferme toutes les autres sans l'exprimer véritablement : tout ce que dit Victor, invariablement, tombe à côté. Ses mots sont trop petits, ses explications trop courtes… Les quelques déclarations de Victor sonnent d'autant plus creux que les sanglots de María résonnent fort. L'accusé est manifestement frustré de ne pas parvenir à dire ce que ses juges attendent de lui, mais exprimer des émotions, des sentiments, il ne sait pas faire. Je crois qu'il voudrait être capable de verbaliser des remords, de dire ce qu'il faut, mais il en est incapable et il lâche donc des oui, des non, beaucoup de « je ne sais pas », « je ne m'en souviens plus ». Le conseil de María hausse le ton, l'accusation de même, toujours en vain. Il n'en ressort rien et la cour abandonne.

Ce fameux pourquoi reste en suspens ; les débats sont clos.

La plaidoirie de la partie civile me met un peu mal à l'aise. À plusieurs reprises, l'avocat prononce mal le nom d'Ana et s'acharne à dépeindre Victor comme un monstre, sans morale et sans regrets, venu ce jour-là uniquement pour donner la mort. Partant de ce portrait monolithique, presque caricatural, le conseil de María réclame que Victor paie cher, le plus cher possible, le prix de ce sang qu'il a fait couler.

L'avocat général ne me convainc pas beaucoup plus ; lui aussi semble déterminé à décrire une bête froide et calculatrice, qui a ôté la vie sans un instant d'hésitation et n'a jamais exprimé le moindre remords face à son geste, même mis devant l'atrocité de son passage à l'acte et l'immensité de la douleur qu'il a causée. Il requiert trente années de réclusion criminelle, la peine maximale que la cour peut aujourd'hui prononcer.

La défense s'efforce de redonner visage humain à Victor après ce qui vient d'être dit. Son avocat lui prête des sentiments, des émotions et une culpabilité dévorante qui ne sont pas ressortis des débats. Très maladroitement, il cherche à écorner l'image de la victime qui aurait tout déclenché en riant de son client qui ne cherchait qu'à lui montrer ce qu'il ressentait pour elle... Je me retiens de froncer les sourcils tant la stratégie me paraît hasardeuse.

L'accusé a, comme toujours, la parole en dernier. Il se lève et déclare qu'il ne comprend pas comment il a pu, mais qu'il l'a fait, et qu'il sera puni pour ça. Il ajoute qu'il ne sait pas quoi dire, et il se rassoit.

La cour se retire. Je ne vous dirai rien des discussions, des débats et des votes qui vont nous occuper pendant plus de deux heures trente dans la salle des délibérés : la loi m'en fait interdiction, même bien, bien des années après ce procès.

Tard dans la soirée, l'accusé est condamné à vingt années de réclusion.

Je sais que cette peine n'est pas le prix du chagrin de María à qui rien ne rendra sa mère. Elle n'a pas de réaction particulière à l'annonce du verdict, tout comme Victor, qui ne bronche pas en entendant sa peine.

LE SCÉNARISTE

Ce matin, je reçois Joseph, et lui et moi, on ne s'entend pas très bien. Il est détenu provisoire depuis quelques semaines et commence déjà à trouver le temps long : je me retiens de lui expliquer qu'au vu des faits pour lesquels je l'ai mis en examen, il ferait mieux de prendre son mal à patience car ça risque de durer.

Il est suspecté à ce stade d'enlèvement et de séquestration, mais la qualification risque d'évoluer, et pas dans le bon sens. J'ai été saisie suite à la découverte au domicile de Didier, la victime, d'une mare de sang au sol, sans aucune trace de l'intéressé. Sa voiture est là, son portable, ses moyens de paiement également… et il s'est évanoui dans la nature. Sa famille n'a pas de nouvelles, aucun signe de vie… Il habite au fin fond de la campagne, où serait-il allé à pied, sans rien, lui qui ne quitte jamais son téléphone ?

Ça ne sent pas bon, pas bon du tout et, en toute logique, le procureur de la République a très vite décidé de saisir un juge d'instruction : étant de permanence, je suis l'heureuse gagnante.

Je rencontre immédiatement les gendarmes venus m'apporter la procédure, et bien sûr on met tous les actes d'enquête possibles en œuvre. Il y a urgence, on est très inquiets à ce stade, il faut évidemment raisonner selon l'hypothèse d'une victime disparue mais toujours en vie. L'ensemble de l'entourage de la victime est placé sur écoute, tous ses proches sont entendus comme témoins… On ratisse large pour trouver des éléments susceptibles de nous intéresser dans la vie de cet homme sans histoires.

Rapidement, Joseph attire l'attention des enquêteurs. Plus jeune que Didier, il ressort des premières investigations que le disparu l'avait pris sous son aile, lui donnait des conseils pour le lancement de son entreprise d'achat et revente de véhicules de collection, il lui avait même prêté de l'argent pour soutenir son projet.

D'après Joseph, une amitié franche et sincère unissait les deux hommes : il considérait Didier comme un père.

D'après la famille de ce dernier, il n'était pas question d'amitié mais d'un investissement hasardeux et de tout évidence pas rentable que le disparu avait cherché à récupérer, en vain, les relations avec son débiteur étant donc devenues tendues. Tiens donc. Une dette et un contentieux. À ce stade, les enquêteurs fouillent partout et n'excluent aucune piste ; celle de Joseph en est une à creuser parmi d'autres, mais le jeune homme retient l'attention. Les gendarmes font quelques vérifications, après l'avoir auditionné comme témoin.

Le créneau de la disparition a pu être déterminé avec une précision assez importante. Joseph dit qu'à ce moment-là il se trouvait à un rendez-vous professionnel, à presque quatre-vingts kilomètres de là, et qu'il n'avait pas eu de contact avec Didier depuis des jours au moment de sa disparition… Tiens donc. L'exploitation de sa téléphonie indique pourtant le contraire. Son prétendu rendez-vous professionnel ne confirme pas son alibi, il a bien vu l'intéressé, mais la veille de ce jour-là, au cours duquel Joseph a bien eu Didier au téléphone, en fin de matinée ; c'est même le dernier appel sur la ligne de ce dernier. Juste après, le téléphone du jeune homme a été coupé jusqu'à la fin de la journée, ce qui apparaît inhabituel : il ne l'éteint jamais.

Le lendemain de la disparition, il a vendu son véhicule pour une bouchée de pain, bien en dessous de sa valeur réelle, et sans remplir les documents réglementaires… Étonnant. Les enquêteurs parviennent à retrouver l'acheteur et saisissent le véhicule : ils lancent toutes les opérations de police technique et scientifique pouvant permettre de découvrir un indice… Qui ne tarde pas à arriver : dans le coffre, il y a du sang. Les analyses partent en urgence : c'est bien celui de Didier.

Bien sûr, Joseph est immédiatement placé en garde à vue : on a maintenant peu d'espoir mais qui sait, si la victime était en vie et retenue contre son gré quelque part ? Le suspect va être entendu plusieurs fois au cours de ses quarante-huit heures de garde à vue… Il donnera autant de versions différentes, jouant avec les nerfs de l'adjudant-chef en charge de l'auditionner. La stratégie de Joseph est simple : chaque fois que le gendarme porte un nouvel élément à sa connaissance, il change son scénario pour inclure cette variante, sans même se soucier, manifestement, de fournir un récit crédible… Son histoire est pleine de surprises et de rebondissements, digne d'un film hollywoodien : le problème est qu'elle n'est pas plausible. Les enquêteurs sentent qu'ils n'en tireront rien, le temps passe et on tourne en rond, et toujours rien sur l'endroit où se trouve Didier, vivant ou pas. C'est rageant, c'est frustrant, la porte est juste devant nous et seul Joseph en a la clé.

À l'issue de la garde à vue, il est déféré devant moi. Les enquêteurs sont un peu abattus, ils espéraient tellement plus de ces quarante-huit heures… Joseph est calme, voire imperturbable. Il souhaite garder le silence lors de l'interrogatoire de première comparution ; tel est son droit et je l'informe qu'au vu du contexte je vais le reconvoquer très vite. Je le mets en examen et le juge des libertés et de la détention le place en détention provisoire.

Quelques jours après, interrogatoire au fond. Joseph s'installe, croise les jambes et me regarde tranquillement. Il ne semble avoir aucune notion de l'enjeu, ou bien n'en avoir rien à faire. Pendant plus de quatre heures, j'enchaîne les questions, j'essaie tout, j'expose les tout derniers indices collectés par les gendarmes qui l'enferrent plus encore. Joseph n'en démord pas et me sort une nouvelle version en incorporant, au fur et à mesure, les derniers éléments que je viens de porter à sa connaissance. Sur un ton monocorde, il me sert un nouveau scénario… Il ne manque ni d'imagination ni de conviction, mais rien à faire, son histoire ne colle toujours pas.

J'en appelle à sa raison, pense-t-il vraiment me convaincre qu'il est étranger à ces faits en me servant toujours un récit différent de cette fameuse journée ? Ne pense-t-il pas que c'est relativement malhabile comme stratégie de défense, qu'il aggrave son cas et qu'il lui serait plus favorable d'assumer, quel qu'ait pu être son rôle ? Je le préviens que je vais chercher jusqu'à ce que je trouve, et que ce serait mieux qu'il coopère à cette fin.

Aucune réaction, Joseph maintient ses déclarations.

J'en appelle à sa compassion, à son honneur, a-t-il pensé à la famille de Didier rongée par l'angoisse qui a besoin de savoir ce qu'il en est vraiment pour avancer ?

Joseph me regarde fixement, un sourire imperceptible au coin des lèvres. Je me heurte à un mur ; je n'ai rien gagné sauf l'obligation de vérifier les nouvelles composantes de la dernière version de Joseph, comme on doit s'y employer à l'instruction où on doit « fermer les portes », selon la formule consacrée.

Les gendarmes démontrent rapidement que ses explications ne tiennent pas : rien ne colle, Joseph nous balade, ainsi qu'on le pressent depuis le début.

Nouvel interrogatoire, nouvelle version, nouvelles vérifications…

Ça fait des semaines que Didier a disparu. Les enquêteurs et moi-même avons perdu tout espoir de le retrouver, du moins vivant. Sa famille refuse de se l'avouer : c'est encore trop dur à concevoir.

Les investigations se poursuivent : les gendarmes creusent l'environnement de Joseph, entendent tous ses proches, inspectent leurs emplois du temps minutieusement… L'étau se resserre jusqu'à l'interpellation de Claude, un ami proche du mis en examen. Il a donné des explications incohérentes et fluctuantes, qui ne sont pas corroborées par les auditions de témoins et par l'exploitation de sa téléphonie : le jour des faits, il n'était pas là où il prétend être. Dans les jours suivants et contrairement à leur comportement habituel, Joseph et Claude ne se sont pas appelés.

Bien plus rapidement que les enquêteurs l'espéraient, Claude craque. Il a pensé moult fois venir tout leur dire, se dénoncer, vider son sac car, en vérité, ça le ronge depuis les faits.

Ce jour-là, il a accompagné Joseph chez Didier, qu'il ne connaissait pas. Cette visite devait être très brève, avant de se rendre chez des amis communs pour y passer une bonne soirée ; il est resté à l'extérieur, ça devait durer quelques instants tout au plus. Il a entendu que le ton montait, puis il n'a plus entendu personne parler mais des sons étouffés, comme une empoignade, il s'est dit que ça tournait mal mais il a hésité à rentrer, il n'est pas homme à se mêler de ce qui ne le regarde pas… Des bruits de coups l'ont plus inquiété, son ami était peut-être en mauvaise posture ? Claude n'est pas un courageux, alors il a tergiversé un long moment, quelques minutes sans que plus rien ne se passe… Jusqu'à ce que la porte s'ouvre, et là l'épouvante : Didier était au sol et ne bougeait pas. Par loyauté, un peu parce qu'il était sidéré aussi, il a aidé Joseph à charger le corps de la victime dans le coffre. Ils ont roulé longtemps et s'en sont débarrassés, dans les bois. Oui, il pense qu'il pourrait retrouver l'endroit même s'il n'y était jamais allé avant ce soir-là…

Le jour même, les gendarmes et moi suivons Claude à travers une sombre forêt. Il nous désigne la pente escarpée du haut de laquelle ils ont jeté le corps de Didier, qui a roulé sans beaucoup de bruit avant de disparaître à leur vue dans les taillis, en contrebas. Un gendarme entame la descente, un autre me tend son bras pour assurer mon pas ; je l'accepte, j'aime autant éviter le roulé-boulé dans les feuilles mortes…

Il est là. Dans un sale état, difficilement reconnaissable tant la mort l'a déjà saisi… Claude en haut de la butte est livide. Nous reculons de quelques pas ; le directeur d'enquête appelle le médecin légiste qui nous informe qu'il va se déplacer. Pour l'instant, évidemment, on ne touche à rien.

L'attente commence.

« Ça va, Madame le Juge ? »

Je hoche la tête et tente un petit sourire, pas très concluant. Pendant qu'on cherchait Didier vivant, pendant qu'on espérait encore, il était là. Depuis le premier jour, il était là, dans le silence de cette forêt. Je pense à l'épouse de Didier, à ses enfants… Ils y croyaient encore, un peu, peut-être était-il retenu en otage quelque part ? Il va falloir leur dire. L'air de cette forêt me paraît soudain irrespirable ; plutôt que les odeurs d'humus et de feuilles, j'ai l'impression d'un coup de sentir les effluves de la mort. Je recule encore un peu, cette idée m'est soudain difficilement soutenable.

Les minutes paraissent longues ; Claude a été ramené à la brigade, sa présence n'étant plus nécessaire. Le directeur d'enquête, plusieurs de ses collègues, un technicien en identification criminelle et moi-même essayons de parler de tout et de rien, et même de plaisanter comme pour conjurer ce moment maudit, mais le cœur n'y est pas ; nos voix semblent assourdies et résonnent étrangement. De longs instants s'écoulent sans un mot, juste à patauger ensemble dans la terre meuble et humide.

Je vois le médecin légiste arriver avec soulagement. Il effectue la levée de corps, fait ses premières constatations et distingue à grand-peine des lésions au niveau de la face, mais à ce stade ne peut en dire plus. Il me précise qu'au vu de l'état du corps, seule l'autopsie pourra nous renseigner. L'examen est réalisé le lendemain et, en effet, ses conclusions sont beaucoup plus précises : des lésions consécutives à des coups au niveau de la tête qui a beaucoup saigné et des traces de strangulation, très probablement à l'origine de la mort. Il fixe une date de décès compatible avec le jour de la disparition de la victime. Il est impossible de déterminer avec certitude si, au moment d'être chargé dans le coffre, il s'était déjà éteint ou s'il a agonisé quelques heures seul dans cette forêt : cette dernière hypothèse me fait courir un frisson d'effroi dans le dos.

C'est à ce stade des investigations que je reçois aujourd'hui Joseph. Il sait bien sûr ce qui figure au dossier, son avocat est passé examiner les derniers éléments ; il n'ignore donc pas que Claude a été mis en examen, qu'il a été incarcéré dans un autre établissement pénitentiaire pour éviter toute concertation entre eux, et que le corps de Didier a été découvert.

Je n'y vais pas par quatre chemins et l'interpelle directement sur ces derniers rebondissements qui mettent à mal tout ce qu'il a pu déclarer jusqu'à présent. Je hausse un peu le ton, il compte dire n'importe quoi encore longtemps ?

Joseph ne bronche pas, me sert une nouvelle version dans laquelle, cette fois, le seul et unique responsable de cette situation, c'est bien sûr… Claude.

Des mois d'instruction, des expertises en quantité, des heures et des heures d'interrogatoire et de confrontation, une reconstitution interminable, le tout l'accablant… Joseph n'en démordra jamais. Il ne montrera jamais le moindre affect au-delà d'un vague agacement à l'énoncé de mes questions trop pressantes à son goût au cours de nos nombreuses et longues entrevues.

Contestant les faits, il n'expliquera bien sûr jamais les raisons de son passage à l'acte.

Je finirai par ordonner sa mise en accusation devant la cour d'assises, Claude à ses côtés, sans avoir jamais vraiment réussi à nouer un véritable dialogue avec lui ; il reste l'un des personnages les plus énigmatiques que j'ai pu croiser au cours de mes années à l'instruction.

LE SECRET

Cabinet d'instruction, un matin. J'ai un acte important aujourd'hui et il me travaille un peu depuis quelques jours : j'organise une confrontation entre Isabelle, vingt-cinq ans, et son père Michel, qu'elle accuse de l'avoir violée dans son enfance. Le mis en examen conteste les accusations dont il fait l'objet ; il est placé sous contrôle judiciaire et va donc arriver libre dans mon cabinet. J'ai bien travaillé le dossier comme je le fais toujours, mais pendant une confrontation, il ne s'agit pas seulement de bien connaître les éléments de fond de la procédure : il faut aussi savoir répartir le temps de parole et faire en sorte que chacun se sente écouté, sans parler de la gestion de la tension évidente entre les parties. Je sirote un thé et je plaisante avec ma greffière pour tromper le stress.

Le début de l'affaire remonte à dix-huit mois environ. Isabelle a un matin poussé la porte de la brigade de gendarmerie la plus proche de chez elle. Elle a demandé à parler à une gendarme : elle a pensé que ça serait plus facile de parler à une femme, mais ça ne l'a pas été. Elle a eu énormément de difficultés à raconter les faits : l'audition a duré huit heures, en plusieurs fois, car c'était trop dur de vider son sac d'une traite. Quand elle n'en pouvait plus, l'adjudante lui donnait un autre rendez-vous, et petit à petit, elles ont déroulé son histoire.

Isabelle a raconté que son père avait abusé d'elle entre ses cinq et ses douze ans. Elle sait que ça peut paraître incompréhensible, incroyable même, mais sans vraiment oublier ce passage de sa vie, elle avait comme rangé tous ces souvenirs dans un coin de sa mémoire pour ne plus avoir à y penser, ne plus avoir peur, ne plus avoir mal, et elle vivait avec, elle avait avancé avec. Elle voyait toujours sa famille dont elle était très proche et il ne se passait pas quinze jours sans qu'elle se rende chez ses parents, où elle voyait bien sûr son père, sans jamais repenser à ce qui s'était passé... Jusqu'à ce jour-là, où tout a explosé.

C'était un dimanche midi, lors d'un repas de famille comme elle en avait connu tant d'autres. Ils étaient sur la terrasse, installés sur le vieux salon de jardin en bois, ses parents, ses deux frères aînés et plusieurs de leurs enfants, elle... Elle regardait distraitement son père, portant l'une de ses nièces sur les genoux. Une image anodine et pourtant... D'un coup, tout ce qu'elle avait bien rangé dans ce petit coin sombre au fond de sa tête est ressorti. Elle est restée figée un instant, abasourdie, puis elle a sans trop se souvenir comment rassemblé ses affaires et est partie sous un prétexte fallacieux, incapable de se préoccuper de ce que pourrait penser sa famille. Elle tremblait tant qu'elle a mis très longtemps à réussir à démarrer sa voiture. Le trajet retour s'est déroulé comme dans un brouillard jusqu'à ce qu'elle parvienne à regagner son appartement, où elle s'est enfermée et s'est effondrée en sanglots. Elle avait d'un coup l'impression de ne plus rien contrôler, littéralement envahie des souvenirs qu'elle avait si profondément enfouis...

Elle a espéré que ça passerait, que très vite ce sentiment de malaise s'estomperait et qu'elle retrouverait sa vie d'avant.

Mais ça n'est pas passé.

Les semaines suivantes ont été épuisantes. La journée, l'angoisse de voir s'afficher « papa » ou « maman » sur le portable et d'être simplement incapable de décrocher, ce sentiment de peur permanente et les souvenirs qui la bombardent, sans crier gare, ce nœud dans le ventre et la gorge qui ne se desserre jamais... Isabelle a l'impression que ce qu'elle vit se VOIT, qu'on peut lire en elle comme dans un livre ouvert. Les journées sont déjà à la limite du supportable, mais les nuits sont en réalité pires encore : quand elle parvient à fermer les yeux, elle repense à des scènes qu'elle pensait avoir oubliées, des détails écœurants lui reviennent jusque dans ses cauchemars qui ne la lâchent pas pendant les quelques heures de sommeil qu'elle parvient à grappiller. Elle finit par s'éveiller, en pleine crise de panique ; son compagnon ne peut même pas l'apaiser en l'enlaçant puisque, depuis ce fameux dimanche, elle ne supporte plus qu'il la touche, sans pouvoir lui expliquer pourquoi…

À ce rythme, Isabelle s'épuise et un jour, elle craque. Elle va voir son médecin et réclame des médicaments pour pouvoir dormir, s'abrutir, ne plus penser, ne plus rêver. Il la suit depuis bien longtemps et il ne la reconnaît pas : il sent que quelque chose la bouleverse et il la presse de questions car il la sent au bord du gouffre. Elle finit par lui raconter, en pleurant de manière irrépressible. Son docteur lui dit qu'il peut l'aider à amoindrir les symptômes pour lui permettre de fonctionner au quotidien mais qu'il ne peut rien faire pour effacer ce qui la ronge, qu'il existe des thérapies pour réussir à vivre avec.

Isabelle prend donc tous les médicaments qu'il lui a prescrits, consciencieusement : ils l'assomment un peu, mais c'est vrai, elle fonctionne. Elle parvient à travailler sans trop de mal, elle voit quelques amis… C'est toujours compliqué avec son compagnon, mais elle parvient à lui expliquer pourquoi et il comprend, enfin en tout cas il fait de son mieux pour l'aider.

En revanche, elle fait un blocage sur sa famille : alors que trois mois auparavant elle se serait décrite comme particulièrement proche de ses parents et de ses frères, elle ne parvient plus à leur parler, sans même pouvoir envisager de les rencontrer. Ils ne comprennent pas : elle sait qu'elle leur fait du mal et elle en est vraiment malheureuse… En même temps, ça la met en colère ; toutes ces années, son père lui a adressé la parole, lui a fait la bise, l'a prise dans ses bras comme s'il ne s'était jamais rien passé ? Et elle a toléré qu'il le fasse ?! Elle donnerait tout pour que tout soit resté bien en ordre, bien caché dans sa tête, pour ne pas ressentir tout ça.

Isabelle se fait suivre, comme on dit pudiquement, mais même si elle ressent que parler à son thérapeute lui fait du bien, les souvenirs continuent d'affluer.

Les mois passent et elle a l'impression qu'elle va réussir à gérer. Son psy lui a bien parlé une fois de dénoncer les faits, mais elle ne l'envisage pas un instant, elle en mourrait de honte et elle refuse l'idée de faire du mal aux siens. La vie semble presque reprendre un tour « normal » : elle réussit à reprendre contact avec le plus jeune de ses grands frères, dont elle a toujours été très proche.

Au détour d'une discussion banale, il lui parle de l'une de ses filles. Elle a huit ans et il la trouve bizarre, renfermée, triste, pas comme avant… secrète. Sa compagne et lui ont bien essayé de creuser la question, mais la fillette élude. « Elle refuse même d'aller chez papi mamie, elle qui voulait qu'on y passe notre temps, tu sais ? »

À partir de là, le cerveau d'Isabelle tourne en boucle. Le semblant de sérénité qu'elle paraissait avoir réussi à retrouver s'est évanoui d'un coup. Elle a trois nièces en tout, qui vont régulièrement chez ses parents, pour les week-ends, pour les vacances. Et si ? L'idée ne la lâche plus, les cauchemars reviennent et, cette fois, les cachets n'y suffisent plus. Elle a l'impression de devenir folle, elle ne peut prendre le risque…

Quelques semaines après, parce qu'Isabelle ne se sent pas capable de supporter l'idée qu'il recommence et qu'elle ne fasse rien, elle va voir les gendarmes.

Je connais l'officier de police judiciaire qui la reçoit : j'ai déjà travaillé avec elle. Une adjudante très à l'écoute, très consciencieuse, très patiente… Et qui ne lâche rien. Elle recueille sa plainte sans la presser, en prenant tout le temps dont elle a besoin, mais en récoltant tous les détails possibles. Isabelle a du mal à tout raconter parce que ça fait mal mais aussi parce que les faits remontent à loin ; pour les premiers, elle avait cinq ans et si elle s'en souvient déjà beaucoup plus que ce qu'elle souhaiterait, l'adjudante lui pose tout de même beaucoup de questions difficiles.

Isabelle décrit un père caractériel, colérique, mais qu'elle adorait car il passait beaucoup de temps avec elle. Ils se promenaient dans la nature, il jouait avec elle à la maison… Il était en revanche très autoritaire avec ses deux frères, élevés « à la dure », et avec leur mère également. Avec le recul, de son point de vue d'adulte, elle pense qu'il était violent avec eux trois, même si à l'époque elle ne s'en rendait pas compte.

Elle se souvient des premiers attouchements, très jeune, mais sans pouvoir donner de détails quant aux dates ou aux lieux précis. Elle se rappelle l'impératif de garder le secret, LEUR secret, sauf à vouloir rendre maman très malheureuse. Son père n'avait guère qu'à élever la voix, juste à peine, pour lui faire peur, alors de trouille, de honte, elle n'a rien dit, jamais.

Elle raconte à l'adjudante le premier viol, qu'elle situe sans certitude vers ses sept ans. Elle se souvient de la peur et de la douleur physique, paralysante : à ce stade de l'audition, le souffle lui manque et le procès-verbal d'audition d'Isabelle fait mention de la nécessité de faire une pause.

Quatorze pages. Quatorze pages de calvaire et de culpabilité asphyxiante. Isabelle a honte d'avouer qu'elle l'aimait, car excepté dans ces moments-là où il lui faisait tellement peur et mal, il était gentil avec elle. Il lui avait dit que c'était normal, que les papas faisaient ça mais qu'il ne fallait pas en parler car sinon ils seraient punis très fort tous les deux. Il l'avait dit, alors elle l'a cru…

Ça s'est arrêté quand Isabelle a commencé à devenir une jeune fille. Avec le temps, les souvenirs se sont estompés, certains comme effacés pour de bon, d'autres bien rangés dans cette petite boîte qui la protégeait en l'empêchant de se rappeler ce satané secret qui menaçait de l'engloutir tout entière. Les années passant, elle y a de moins en moins songé, jusqu'à ne plus y penser du tout… Et c'était bien comme ça.

L'adjudante a commencé son enquête, étudié le parcours scolaire d'Isabelle qui a eu des troubles à l'école assez tôt. Des éléments qu'elle a pu recueillir, c'était une enfant réservée, facilement sujette à l'angoisse.

L'expert psychologue qui a rencontré la jeune femme a souligné l'apparente authenticité de son discours et le caractère massif du tableau de syndrome de stress post-traumatique qu'elle présente.

L'enquêtrice a entendu les proches d'Isabelle, son compagnon à qui elle a fini par se confier, qui a décrit le cauchemar dans lequel elle semble être tombée depuis plusieurs mois, ses amis proches… Elle a décidé d'attendre pour entendre les frères et la mère de la plaignante.

Un matin, tôt, elle s'est présentée chez Michel et lui a annoncé son placement en garde à vue du chef de viol et d'agression sexuelle aggravés. Perquisition, saisie du matériel informatique…

Michel nie et s'indigne. Il ne comprend pas les accusations de sa fille, mais bien sûr elle ment, comment peut-on seulement envisager qu'il ait pu commettre de telles abjections ? C'est insensé, elle aurait continué à venir à la maison toutes ces années et là, d'un coup, elle dépose plainte ? Ça n'a aucun sens.

La directrice d'enquête entend les membres de la famille sur le temps de la garde à vue.

Les grands frères d'Isabelle décrivent un père tyrannique et violent, qui les a élevés à coups de poing dès qu'il estimait qu'ils sortaient du droit chemin, dont il avait une conception des plus extensives… Il avait la main tout aussi leste avec leur mère, qui n'aurait jamais osé contester son autorité de quelque manière que ce soit. Il faisait régner la terreur à la maison, même si, avec les années, il s'est énormément radouci et qu'il ne reste plus rien du despote qu'il était à l'époque. La seule qui semblait échapper à ses crises de fureur, c'était Isabelle, la petite princesse à son papa, la chouchoute… Ils la jalousaient beaucoup et ils continuent de la taquiner avec ça, encore aujourd'hui. Leur sœur a beaucoup changé ces derniers mois, sans qu'ils comprennent pourquoi. Ils sont stupéfaits de ces accusations et ils ne comprennent pas, mais ils sont tous les deux unanimes : non, leur petite sœur n'a jamais été une menteuse.

La mère d'Isabelle confirme cette ambiance à la maison quand les enfants étaient jeunes. Ils ont eu de dures années, même si maintenant Michel est bien plus calme et bien moins rigide… Elle est sous le choc quand l'adjudante décrit les accusations de sa fille… Il l'aimait TELLEMENT. Elle n'a jamais rien vu, jamais pensé que… Elle ne peut simplement pas le croire.

L'enquêtrice entend d'autres membres de la famille, mais rien de décisif.

L'adjudante a bien travaillé, mais comme souvent dans ces dossiers, pour l'instant, c'est parole contre parole… Le procureur allait sans doute se résoudre à classer sans suite quand tombe le dernier élément d'enquête, quelques semaines après la levée de la garde à vue de Michel. L'adjudante reçoit le résultat de l'analyse de l'ordinateur du suspect : l'expert y a retrouvé beaucoup de fichiers à caractère pornographique, ce qui n'est pas un problème en soi… Mis à part bien entendu ceux qui mettent en scène des mineurs.

Michel est de nouveau placé en garde à vue ; il nie toujours.

Ces images ? Des erreurs de téléchargement, évidemment. Des DIZAINES d'erreurs ? Des mots clés de recherche tendancieux ? De la curiosité malsaine tout au plus, ça n'a rien à voir avec Isabelle et ces accusations RIDICULES. Le mis en cause se crispe et commence à prendre l'enquêtrice de haut… Le procureur décide d'ouvrir une information judiciaire et Michel m'est donc présenté dans le cadre de la permanence.

Je prends connaissance du dossier pour préparer l'interrogatoire de première comparution et, à ce stade, je suis sans avis. Devant moi, Michel souhaite répondre à mes questions bien que, comme la loi me l'enjoint, je lui aie bien indiqué qu'il peut également choisir à ce stade de garder le silence ou de faire uniquement des déclarations spontanées. Il reste sur la même ligne que pendant sa garde à vue et nie avec force.

C'est un homme d'une petite soixantaine d'années, ancien ingénieur, qui présente bien. Il émane de lui une certaine autorité ; on sent qu'il n'a pas l'habitude de ne pas être obéi. Je n'aime pas beaucoup le ton un peu dédaigneux avec lequel il s'adresse à moi, mais je feins de ne pas m'en rendre compte.

Il balaye d'un revers de main les accusations de sa cadette ; j'en viens aux fichiers pédo-pornographiques retrouvés dans son disque dur et il sourit :

« Vous savez, Madame le Juge, à mon âge les jeunes filles… »

Je rêve, il badine ! J'envisage sa mise en examen notamment pour viol aggravé et Michel se risque à plaisanter… Je souris à mon tour et étale sur mon bureau, devant le suspect et son conseil, les photographies intégrées à l'expertise informatique.

« Des jeunes filles, Monsieur ? Expliquez-moi, je suis curieuse, ça, ce sont des jeunes filles ? Pouvez-vous évaluer leur âge ? »

Michel regarde l'album et ne répond pas ; son avocat détourne le regard. Les images sont très crues et les mineures très jeunes, je dirais six ou sept ans.

« Est-ce une coïncidence si ces enfants ont peu ou prou l'âge auquel votre fille situe le premier viol que vous lui auriez imposé, Monsieur ? » Nouveau silence.

Je mets en examen Michel pour viols et agressions sexuelles aggravés ainsi que pour détention de représentations de mineurs ayant un caractère pornographique et, au vu de l'ancienneté des faits, je le place sous contrôle judiciaire.

Je confie la poursuite de l'enquête sur commission rogatoire au même service, et j'attends…

Quelques mois plus tard, la stratégie de défense de Michel vole en éclats avec l'audition de sa plus jeune petite-fille, Naëlle. Elle avait déjà été entendue ainsi que tous les autres petits-enfants de Michel au cours de l'enquête préliminaire[16], mais elle était restée mutique ; l'adjudante en charge de la direction des investigations a voulu réessayer, assistée par une psychologue.

L'enfant explique avec des mots d'enfant que son papi a, à plusieurs reprises, eu des gestes à caractère sexuel envers elle. Au sens du code pénal, les faits que décrit Naëlle sont moins graves que ceux qu'Isabelle affirme avoir subis, il s'agit d'agressions sexuelles et pas de viols, mais les déclarations de la fillette sont sans aucune ambiguïté.

Le procureur est informé de ces nouveaux faits dont je ne suis pas saisie et me fait parvenir un réquisitoire supplétif la veille du jour où je dois auditionner Isabelle en tant que partie civile.

Le jeune conseil d'Isabelle me glisse avant l'audition que celle-ci est très angoissée à la perspective de me rencontrer. L'avocate est passée voir la procédure il y a quelques jours et n'a donc pas pu prendre

16. Cadre d'enquête menée sous la direction du procureur de la République ; précède en général la saisine du juge d'instruction.

connaissance des derniers éléments qui y ont été versés ; elle lit les pièces concernées tandis que sa cliente et moi faisons connaissance. Quand je constate qu'elle a terminé sa lecture, je lui demande si elle souhaite que je suspende l'audition un instant ou si je peux continuer ; je note son soulagement à l'énoncé de la deuxième option.

J'annoncerai donc moi-même à Isabelle ce que contient le dossier depuis la veille.

La partie civile est une jeune femme qui fait bien moins encore que son âge. Les cernes violacés qui marquent son regard laissent suspecter que ses nuits doivent être courtes et tourmentées. Elle tord ses mains et n'a pas l'air bien ; j'essaye de la rassurer autant que possible et de la faire parler de son travail, de sa vie de manière générale, pour repousser le moment d'aborder les faits et en espérant qu'elle se détende un peu.

Isabelle maintient ses accusations. Elle m'explique de nouveau comment tout lui est revenu et le cheminement qui a été le sien jusqu'à sa décision de déposer plainte. Elle décrit les mêmes faits qu'au cours de son audition à la gendarmerie ; des détails en plus lui sont revenus, des détails dont elle aurait préféré ne pas se souvenir.

Elle me dit qu'elle a le sentiment d'avoir fait exploser sa famille. Ses frères la croient ; je sais que le père de Naëlle ne lui a rien dit, car la directrice d'enquête en a discuté avec lui et qu'il ne se sent pas capable d'en parler avec sa sœur cadette. Sa mère ne savait pas quoi penser au début, mais elle n'avait plus confiance en son mari après sa mise en examen, alors elle est partie de la maison et est allée habiter chez l'un de ses fils. Elle a demandé à rencontrer Isabelle il y a un mois environ : elles ont beaucoup parlé, beaucoup pleuré et elle lui a demandé pardon de ne pas avoir vu, de ne pas l'avoir protégée, de ne pas avoir été là quand elle avait besoin d'elle... Elle lui a dit qu'elle la croyait car elle savait que jamais elle n'irait inventer une chose pareille, et ça a fait un bien fou à Isabelle d'entendre ça et que sa maman la prenne dans ses bras.

La jeune femme pleure et, en essuyant ses yeux, elle sourit :

« Je savais que je faisais bien de ne pas me maquiller. »

Je lui tends un mouchoir, dont les juges d'instruction prévoyants ont toujours une boîte à portée de main et je me dis tristement qu'elle n'a pas fini de pleurer ce matin.

Je lui explique les derniers éléments versés au dossier, l'audition de Naëlle et ce qu'elle a fini par révéler... Ses yeux s'assombrissent et je ne sais que trop bien ce qu'elle se dit à ce moment précis, si elle avait parlé avant, si elle n'avait pas tout enfoui, peut-être qu'il ne serait rien arrivé à sa nièce ? Immédiatement, je lui rappelle qu'elle ne se souvenait de rien, qu'elle ne pouvait pas parler plus tôt, qu'elle est allée voir les gendarmes dès qu'elle s'est sentie prête et capable de le faire... J'insiste :

« On est bien d'accord que rien, absolument rien, dans tout ce dossier n'est votre faute ? »

Isabelle regarde son avocate et risque un petit sourire – « Je le lui dis tout le temps », glisse son conseil. Je sais que la jeune femme doit encaisser un gros choc aujourd'hui, et que les prochaines semaines seront difficiles après l'annonce de cette nouvelle. J'arrive à la faire sourire un peu en fin d'audition en lui disant qu'elle va me travailler un peu ce rapport à la culpabilité en se répétant comme un mantra que ce n'est pas sa faute dès qu'elle commence à se faire des reproches.

Je la raccompagne à la porte sécurisée qui sépare le couloir de l'instruction du reste du palais de justice ; elle me tend une main frêle mais à la poignée ferme.

De retour dans mon cabinet, on discute d'Isabelle avec Eugénie, autour d'un autre thé. On la trouve forte et courageuse. Je crains qu'elle ne doive traverser d'autres moments pénibles avant la fin de cette procédure et je suis contente qu'elle soit bien entourée, de sa famille et d'une avocate qui manifestement prend soin d'elle.

Les mois passent et l'instruction suit son cours. J'auditionne Naëlle qui, avec des difficultés car il s'agit d'une petite fille très réservée, me raconte ce que lui a fait papi.

C'est le moment de réinterroger Michel : Isabelle, Naëlle, les fichiers sur son ordinateur, cela commence à faire beaucoup et il va falloir qu'il m'explique…

L'homme qui s'installe dans mon cabinet a perdu de sa superbe par rapport à ce dont je me souviens de son interrogatoire de première comparution. Il fait à présent plus que son âge et a l'air fatigué, amaigri… Il m'explique que sa famille lui a tourné le dos. Même son épouse, me glisse-t-il, amer, sur un ton de reproche. Il pleure un peu sur son sort, les siens lui manquent, cette grande maison est bien vide pour lui tout seul… Il sous-entend que c'est un peu de ma faute, le mettre en examen comme ça, tout le monde le croit coupable… Il trouve que je suis dure avec lui.

Je le laisse s'apitoyer un peu, car il en a bien le droit ; quelle que soit la nature des faits dont je le soupçonne, je peux aisément entendre que Michel se sent très seul, que c'est dur pour lui, qu'il est sincère quand il éprouve le besoin de me faire part de sa tristesse.

Pour autant, il faut bien en venir aux faits et j'attaque avec mes questions, comme souvent directes et sans beaucoup tourner autour du pot. Michel élude, il continue à contester et à pleurnicher surtout. Confronté aux éléments matériels et notamment aux accusations de sa petite-fille, il botte en touche, jusqu'à ce que je m'agace.

« Vous savez, Monsieur, je ne vous demande pas de reconnaître ce que vous n'avez pas fait ; si ce n'est pas arrivé, OK, ce n'est pas arrivé. Mais si votre fille et votre petite-fille disent vrai, en les traitant de menteuses, vous leur faites ENCORE mal, vous comprenez ça ? »

Michel baisse la tête, et ne dit rien pendant un moment. Oh, à ce moment-là j'ose y croire, il vacille, Eugénie, l'avocat de Michel et moi-même sommes suspendus à ce silence qui s'éternise… Jusqu'à ce qu'il relève la tête et lâche, sèchement :

« C'est pas vrai, j'ai rien fait ! »

Il reste campé sur ses positions ; je sens son avocat agacé, son client s'effondre, l'armure se fendille mais ne craque pas, et sa stratégie est devenue intenable face à un dossier qui s'est étoffé.

J'appelle le conseil d'Isabelle et lui explique que je crois qu'une confrontation sera incontournable dans ce dossier, sa cliente la supporterait-elle ? Elle me répond qu'elles s'y attendaient, mais qu'elle va avoir besoin de quelques semaines au moins pour préparer la jeune femme à ce moment difficile. Ça tombe bien, je pense que l'avocat de Michel aussi a besoin d'un peu de temps…

Quelques mois plus tard, nous y voilà donc.

Comme toujours, j'installe les parties dans mon bureau l'une après l'autre, pour éviter de multiplier les moments de gêne inutile dans la salle d'attente. Je fais d'abord entrer Isabelle, arrivée la première, un peu en avance. Je la fais asseoir sur la chaise tout à gauche, son avocate à ses côtés. Elle est blême et a de tous petits yeux ; elle me fait un petit sourire crispé, elle est bien sûr très tendue. Quand Michel entre dans la pièce et s'installe tout à droite, la jeune femme est très raide et ses mains sont contractées sur les accoudoirs de son siège. Le mis en examen aussi est gêné ; il contemple le sol.

Comme à chacun de mes actes d'instruction, je commence par une question très ouverte, à chacune des parties :

« Avez-vous spontanément quelque chose à déclarer ? »

Isabelle indique qu'elle n'en veut pas à son père mais qu'elle a besoin d'entendre la vérité, Michel que peut-être il a oublié certaines choses, fait des choses dont il ne se souvient pas… C'est nouveau. Je lui demande de préciser, mais il bloque, ne sait pas ; il bredouille.

J'invite Isabelle à réexpliquer ce qui s'est passé si elle le peut ; elle prend une grande inspiration et répète ce qu'elle a toujours dit, sauf que cette fois, c'est à Michel qu'elle parle, elle retrace les grandes étapes de ce qui s'est passé en s'adressant à lui :

« J'avais cinq ans quand tu as commencé… »

Elle parle d'une voix blanche, sourde, les mains croisées sur ses genoux. Elle ne me regarde pas, elle ne le regarde pas non plus. Elle fixe un point dans le vague et elle déroule son récit ; je pense qu'elle l'a préparé dans sa tête pour avoir la force de tout dire. Elle dit comme elle se sent mal, comme sa famille et sa vie d'avant lui manquent ; elle explique qu'elle n'y arrive pas, elle est comme bloquée et elle a besoin d'avancer. Elle dit que parfois, sans crier gare, un souvenir plus précis lui revient, son père lui disant « on sera punis tous les deux », ou son odeur, ou comme ça lui faisait mal, ou comme elle avait peur avant qu'il vienne dans sa chambre… Elle ne pleure pas. Elle lui demande de faire en sorte qu'elle ne reste pas comme ça, d'assumer, et elle l'appelle papa en lui enjoignant d'arrêter de faire semblant et de la traiter de menteuse…

Michel contemple toujours ses chaussures. Je lui demande ce qu'il pense de ce qui vient d'être dit ; je fais bien attention à ne pas être brusque et à rester très neutre. Le ton badin de la première rencontre est bien loin lorsqu'il lève les yeux vers moi : ses yeux brillent très fort des larmes qu'il retient. Un murmure :

« Pardon. »

Il ne semble capable de rien d'autre.

« Monsieur, on ne s'excuse pas, je crois, de ce que l'on n'a pas fait. On ne dit pas pardon quand on est innocent. Que dois-je en déduire ? »

Michel me regarde fixement un long moment et finit par lâcher, très bas :

« Oui, c'est arrivé… J'ai fait. Je l'ai fait. »

Je crois que ce sont les mots les plus difficiles qu'il ait jamais eu à prononcer. C'est seulement alors qu'Isabelle le regarde et que des larmes coulent sans bruit sur ses joues.

La suite de la confrontation n'est pas très utile : Michel est incapable de raconter dans les détails ce qui s'est passé. Son regard ne quitte pas le sol, je crois qu'il a tout simplement trop honte. Voûté sur sa chaise, tremblotant, il ne parvient pas à articuler autre chose que des monosyllabes et je finis par mettre un terme à la confrontation : il est allé aussi loin aujourd'hui qu'il le pouvait.

Lors d'un interrogatoire ultérieur, il parviendra à revenir sur les faits, difficilement, et après beaucoup de questions. Il sera incapable d'expliquer ses passages à l'acte.

Il sera finalement mis en accusation pour les faits commis au préjudice d'Isabelle et de Naëlle et comparaîtra devant la cour d'assises.

MADAME MA JUGE

Une fois nommée juge d'instruction, je dévore le plus vite possible tous les dossiers de mon cabinet. Je crains d'y laisser sommeiller une prescription, une erreur d'appréciation... Bien sûr, ma priorité est de prendre connaissance des dossiers dans lesquels des mis en examen sont détenus.

Dans un de mes dossiers ouverts pour meurtre, ils sont deux.

Un homme d'à peu près cinquante ans est suspecté d'avoir assassiné un vieil homme pour de sombres motifs financiers... C'est un dossier compliqué, l'enquête est très mal partie avec une scène de crime fort mal exploitée, pas de témoin direct et un mis en cause principal qui conteste fermement toute implication. Dans l'entourage de ce dernier gravite Marion : au début des investigations, elle est suspectée d'avoir participé à l'élaboration voire à l'exécution du projet criminel.

Ils ont tous les deux été mis en examen du chef de meurtre aggravé. Les deux suspects sont polytoxicomanes, sans domicile stable... Fort logiquement, le juge des libertés et de la détention les a placés en détention provisoire, où ils se trouvent toujours à ma prise de poste.

Depuis leur incarcération, des expertises psychiatriques et psychologiques ont été ordonnées les concernant et, surtout, les gendarmes ont beaucoup travaillé et les choses sont plus claires, en tout cas pour lui...

Marion ressort finalement plutôt comme un témoin, les indices qui avaient pu la faire soupçonner ayant été fortement amoindris par l'avancée des investigations. Elle a certainement menti, par peur de l'auteur principal et sans doute aussi par crainte des gendarmes, mais les éléments contre elle sont très affaiblis même si, de toute évidence, elle sait des choses sur le meurtre et qu'elle n'a pas tout dit.

Je décide de la mettre en liberté d'office, elle a déjà fait plus de neuf mois de détention provisoire… Je demande donc à ma greffière de la convoquer pour interrogatoire. J'en profiterai pour faire le point sur le fond du dossier, notamment les nouveaux éléments versés à la procédure, pour lui notifier son placement sous contrôle judiciaire et ainsi bien lui expliquer ses obligations et interdictions.

Le jour de l'interrogatoire, l'avocat de Marion n'est pas là : elle est seule devant moi, entre trois personnels de l'administration pénitentiaire qui l'escortent. Elle est très jeune, vingt ans à peine. Il y a des photos d'elle au dossier : elle a pris beaucoup de poids en détention, mais vraiment beaucoup.

Je comprends les conclusions des experts psychiatre et psychologue, Marion est un peu limitée intellectuellement et, du fait de cette particularité, elle parle sans filtre, comme une enfant, de manière extrêmement spontanée et d'un ton joyeux.

Au début, je l'intimide un peu mais, très vite, elle se sent plus à l'aise et elle me raconte comment s'est déroulée sa détention. Elle m'explique qu'avant son incarcération, elle prenait du crack, tous les jours – ça ressortait du dossier… Les débuts ont été très durs, mais elle a bien été obligée d'arrêter et du coup, rit-elle, elle a pris beaucoup de poids, ses vêtements vont finir par exploser ! Elle ajoute que c'est pas grave, qu'elle préfère être « grosse et clean ».

À ma demande, elle me raconte un peu sa vie, et comment elle en est arrivée à cette vie d'errance et de drogue. Elle me parle de sa maman qui l'a lâchée très tôt, des foyers où elle n'aimait pas rester et donc la rue, qu'elle préférait au final à ces endroits où elle ne se sentait pas chez elle ; la drogue dès ses onze ans, en grimpant un à un les degrés de la dépendance, jusqu'au crack qu'il lui fallait, coûte que coûte… L'arrêt tôt de l'école. Zéro formation, zéro qualification, zéro avenir… Il fallait bien manger, alors Marion me raconte comment elle s'est mise à vendre son corps, des passes sordides pour trois fois rien, pour financer sa drogue plus que pour se nourrir finalement… Elle me raconte la violence de cette vie, et malgré la tristesse infinie que ça m'inspire, elle décrit ce qui faisait son quotidien avec légèreté, sans mise en scène et sans fard, juste une série de constats. Elle reconnaît qu'elle a fait des choses interdites, même si « je devrais pas te le dire, madame ma juge ».

On en vient à aborder le fond du dossier. Elle précise certains éléments recueillis sur commission rogatoire et charge son co-mis en examen : c'est de bonne guerre puisqu'il n'est pas là et ne peut pas la contredire, mais pour le coup, sa version coïncide plutôt bien avec le résultat des investigations des gendarmes. Elle m'assure qu'elle ne savait rien de ce qui allait arriver au papi, qu'elle n'a aidé en rien, qu'elle n'était pas là, que tout ce qu'elle sait des faits, elle l'a appris après.

Je lui indique qu'au vu de l'état du dossier, je vais la remettre en liberté : elle est contente et le montre, elle ne s'y attendait pas. En neuf mois, bien qu'ayant toujours protesté de son innocence, elle n'a jamais formé de requête pour qu'il soit mis fin à son incarcération. Je lui demande à quelle adresse je pourrai la convoquer pour la suite de l'instruction : elle me donne celle de son copain et me dit qu'elle va chercher un petit travail. La drogue, la rue, terminé.

Je la place sous contrôle judiciaire « strict » comme on le dit dans les tribunaux : obligation de chercher un emploi ou de suivre une formation, obligation de soins (pour éviter de replonger dans la drogue), obligation de pointer très régulièrement à la gendarmerie la plus proche afin que je puisse être sûre qu'elle n'a pas pris la fuite, obligation de se soumettre à un suivi socioéducatif par une association habilitée pour l'aider dans ses démarches d'insertion, interdiction de rentrer en contact avec le co-mis en examen et les témoins essentiels… En réalité, je pressens déjà qu'elle va bénéficier d'un non-lieu en fin d'instruction et par conséquent, même si elle ne respecte pas son contrôle judiciaire, je sais que je ne la renverrai pas en détention. J'espère juste qu'il l'aidera à tenir à l'extérieur, où tout reposera entre ses mains pour qu'elle ne retombe pas dans les mêmes travers qu'auparavant et aille mieux, tout simplement.

En espérant que mon autorité de juge qui a l'air d'avoir de l'importance pour elle résonne dans son esprit un moment après notre rencontre, je force un peu le trait, je fais l'œil sévère et je la sermonne : elle est sevrée, il va falloir tenir et ne pas replonger, essayer de se stabiliser, et en cas de problème demander de l'aide à l'association en charge de son suivi, elle aura un conseiller attitré.

Je lui fais croire que si elle ne respecte pas les termes de ce contrôle judiciaire, elle retournera en prison sans aucune hésitation de ma part, car elle aura trahi le contrat de confiance qu'on vient de conclure toutes les deux. Ce n'est vraiment pas mon style habituel, mais je fais le méchant juge, en croisant les doigts pour qu'elle n'oublie pas ce que je suis en train de lui expliquer. Ma greffière a un sourire en coin, elle n'est pas dupe et voit bien que je joue la comédie.

Marion est très concentrée et m'écoute sans un mot tandis que j'explique en détail, et plusieurs fois, toutes ses obligations et interdictions. Je finis en lui demandant si elle a compris : elle hoche la tête, mais je vois bien que quelque chose ne va pas… « J'ai peur d'oublier », me répond-elle. On convient ensemble que dès son arrivée chez son copain, elle collera son ordonnance de placement sous contrôle judiciaire sur le frigo, pour toujours avoir sous les yeux la liste de ce qu'elle doit faire et ne pas faire. Elle ajoute qu'elle expliquera à son ami, comme ça il l'aidera à se rappeler… Je ne suis que moyennement rassurée par cet « ami » dont Marion m'a indiqué qu'il ne se drogue pas mais boit « juste un peu trop » (je ne suis pas sûre que nous ayons la même définition du « un peu »), mais c'est ça ou rien ; sur mon ressort à l'époque, les places en logement d'urgence pour les sortants de détention sont particulièrement rares...

Marion est toujours inquiète au moment de quitter mon bureau, alors elle me demande si elle peut m'appeler, ou m'écrire si dehors ça va pas et qu'elle a des questions ou des problèmes... C'est assez inédit comme demande, mais j'accepte, elle m'a l'air un peu perdue. Elle repart avec l'escorte pour la maison d'arrêt où elle va récupérer ses affaires en serrant son ordonnance de placement sous contrôle judiciaire et l'aimant que ma greffière a décroché pour elle du grand tableau blanc magnétique accroché à côté de mon bureau... Pour son frigo.

Les semaines passent et, en effet, Marion m'écrit. Des lettres très courtes, d'une écriture ronde et pleine de fautes, pour s'excuser quand elle a fait une bêtise, ou me faire part des soucis qu'elle rencontre, elle n'attend pas de réponse ou une solution de ma part. Si ces nouvelles m'inquiètent, je transmets une copie du courrier à l'association en charge de son suivi, pour aider Marion à trouver une solution.

Elle s'excuse, elle a repris de la drogue. Elle aurait pas dû. Juste une fois, non deux, et pas du crack. Elle le fera plus (spoil : elle va le refaire, et m'en faire part une nouvelle fois).

Son copain est gentil. Il a failli la taper l'autre fois, mais juste failli : elle lui a dit qu'elle allait le dire à sa juge, et il a arrêté.

Elle a failli trouver un travail, ça n'a pas marché.

L'association m'indique qu'elle vient aux rendez-vous, peut-être pas à chaque fois, mais elle les prévient si elle les manque, elle reste en contact, elle s'accroche, elle demande de l'aide quand elle en a besoin...Globalement, ça va. Bien mieux que je le craignais, et même mieux que ce que j'osais espérer.

Je revois Marion le jour de la confrontation avec son co-mis en examen.

Elle a un peu maigri mais pas tellement, elle m'a plutôt l'air en forme, même si elle paraît assez angoissée. Elle est en avance, et je l'installe dans mon bureau. L'avocat de Marion n'est pas encore arrivé, alors nous discutons un peu, de tout et de rien, de son quotidien, je lui demande comment elle a fait pour venir car je sais qu'elle habite loin et qu'elle n'a pas le permis… Elle me répond qu'un monsieur l'a amenée et me fait comprendre à demi-mot qu'elle l'a rémunéré de la seule manière qu'elle connaisse… Ça me serre le cœur et elle le voit : je lui demande si cela arrive souvent, elle me dit que non pas trop, que tout va bien, que c'est pas grave tout ça ! Elle me fait un large sourire et hausse doucement les épaules.

La confrontation se déroule dans un calme tout relatif, le co-mis en examen de Marion étant comme d'habitude très vindicatif. La jeune femme a tiré sa chaise le plus loin possible de lui, bien que j'aie positionné leurs deux avocats respectifs entre eux.

Je ne reverrai plus Marion : quelques mois plus tard, je rendrai une ordonnance de non-lieu la concernant et je mettrai le suspect principal des faits en accusation devant la cour d'assises de mon ressort.

Elle continuera de m'écrire, de loin en loin, jusqu'à ma mutation, des lettres pleines de galères mais aussi de sourires, d'optimisme forcené et d'espoir. À sa juge.

J'espère qu'elle va bien, qu'elle a toujours ce large sourire capable de dissiper jusqu'aux angoisses de ceux qui s'inquiètent pour elle.

LE BOSS

Cabinet d'instruction, tôt un matin : j'ai bu trois cafés avec mes collègues, on a débriefé les dossiers qui ont été ouverts sur la permanence dans la semaine et, comme toujours, on a trouvé mille et une raisons de plaisanter, tout ça pour me donner du courage, mais là, il est 8h30 et il va bien falloir s'y mettre. Je suis toujours très ponctuelle et, même si l'interrogatoire à venir va être, je le sais, particulièrement pénible, il va bien falloir me résoudre à appeler l'attente gardée[17] et à demander que le mis en examen que j'ai convoqué ce matin soit amené dans mon bureau.

Aujourd'hui, je dois interroger Lenny et le moins que l'on puisse dire, c'est que l'on ne s'entend pas tous les deux. Il est agressif voire menaçant, de mauvaise foi et grossier ; il me trouve sans nul doute arrogante et il pense que je m'acharne sur lui.

Il est accusé d'avoir, au cours d'une soirée d'anniversaire, tué un jeune homme de trois coups de feu. Les mobiles sont flous : les proches de la victime ont parlé d'une rivalité amoureuse mais en restant particulièrement vagues et en ne donnant aucune information vérifiable… Je pencherais plutôt, au vu des informations recueillies dans l'environnement du défunt et du mis en examen,

17. Endroit du tribunal où patientent les détenus ou les mis en cause retenus sous escorte avant leur présentation devant un juge ou une juridiction.

pour un règlement de comptes en lien avec un trafic de stupéfiants sur lequel, comme souvent, personne n'a très envie de s'étendre.

Cette enquête a été particulièrement difficile : les témoins sont réticents à parler de la victime et plus encore du mis en cause, qui manifestement fait très peur autour de lui. Dans les premiers mois, les investigations stagnent et même si le nom de Lenny bruisse depuis un moment, aucun élément tangible ne permet de le mettre en cause formellement.

Un soir, il est placé en garde à vue suite à des violences aggravées commises dans un tout autre dossier que celui dont je suis saisie : il est alors porteur d'une arme de poing. Il est condamné en comparution immédiate pour ces nouveaux faits, et incarcéré.

Le pistolet fait l'objet de diverses investigations et la balistique parle : les balles retrouvées dans le corps de ma victime ont été tirées à partir de cette arme.

Lenny est donc placé en garde à vue dans le cadre de l'instruction, sur commission rogatoire : il assure avoir trouvé cette arme qui traînait abandonnée dans un coin en centre-ville, et ce bien après le meurtre. Les enquêteurs sont moyennement convaincus, car depuis qu'il est détenu, les langues se délient. En prison, Lenny fait bien moins peur : des membres de l'entourage du défunt décrivent des menaces de mort proférées par le suspect quelques jours auparavant. Plusieurs témoins parlent de sa présence à la soirée au cours de laquelle le meurtre a été commis, d'autres d'une altercation entre la victime et lui peu avant les trois coups de feu, d'autres encore de son départ précipité juste après, et un témoin direct a assisté aux faits en eux-mêmes…

Ça commence à faire beaucoup, mais Lenny s'en tient à sa version : il n'y est pour rien. Sa présence à la soirée, il ne s'en souvient même plus et quand bien même, simple coïncidence, il n'avait aucun contentieux avec le défunt, qu'il ne connaissait même pas, donc ces prétendues menaces, cette dispute, ce sont des mensonges, rien de plus.

À l'issue de sa garde à vue et malgré ses dénégations, il m'est présenté : la balistique est confortée par des témoignages circonstanciés, je dispose de suffisamment d'indices pour envisager sa mise en examen. Les policiers me préviennent : Lenny est un peu spécial, il se peut que l'interrogatoire de première comparution soit disons… mouvementé.

Et de fait, comme pour tous les interrogatoires qui suivront, Lenny se montre détestable.

Il s'affuble d'un surnom ridicule le désignant comme le chef, disons le Boss, et puisque je m'obstine à ne pas en faire usage, il daigne à peine m'adresser la parole. Lors de notre première rencontre, il fait le choix de garder le silence, ce qui est son droit ; lors de toutes ses venues ultérieures à mon cabinet, il oscille entre l'invective et l'ignorance. Il répond rarement à mes questions sans crier et il tourne en boucle sur le complot dont il fait l'objet, sur tous ces faux témoins qui jalousent le Boss et qui sont prêts à tout pour le faire plonger… Tout ça est une machination, une mascarade de justice à laquelle j'accepte de prendre part en le laissant incarcéré alors que mon dossier est vide…

Il multiplie les demandes de mise en liberté auxquelles je ne fais pas droit, pas plus que le juge des libertés et de la détention, pas très convaincu par les protestations de Lenny.

Faute de parvenir à obtenir sa libération par des moyens légaux et la patience n'étant pas sa principale qualité, Lenny décide de mettre fin à cette injustice par ses propres moyens. Il se plaint en détention de symptômes divers et variés, en tout cas suffisamment inquiétants pour qu'il soit transporté à l'hôpital. Profitant d'un moment de flottement dans l'organisation de la garde statique positionnée dans le couloir, il parvient à s'évader, non sans avoir commis quelques violences sur l'un des agents en charge de sa surveillance…

J'enrage qu'un de mes mis en examen et précisément celui-là, particulièrement dangereux, ait réussi à prendre la poudre d'escampette.

Le procureur me saisit supplétivement de l'évasion et des violences aggravées sur le personnel pénitentiaire.

Lenny est très prudent et pendant longtemps le service de police peine à le localiser ; malgré toutes les écoutes mises en œuvre, les perquisitions réalisées inlassablement au petit matin à tous les endroits qui pourraient constituer des points de chute, l'évadé reste introuvable. Les indics n'ont que des informations vagues, on apprend juste, régulièrement, qu'il est entré en contact avec tel ou tel témoin du meurtre pour faire pression sur lui, le menacer…

Quelques mois de cavale plus tard, enfin, il est interpellé, de nouveau armé. Le service enquêteur me décrit une interpellation dangereuse, Lenny ayant pris tous les risques pour lui échapper.

Et ce matin, le voilà de nouveau devant moi, je l'ai convoqué pour le mettre en examen pour les nouveaux faits dont je suis saisie. Je suis hyper tendue, lui aussi, et l'échange de nos regards dès son arrivée en dit long. Il démarre immédiatement, sans échauffement donc :

« Ça y est, t'es contente de toi ? » braille-t-il, sitôt la porte franchie.

Ma greffière sursaute. J'ai l'habitude, car je ne l'ai pas précisé mais Lenny le Boss me tutoie et adopte toujours un ton provocateur, espérant de toute évidence que je sorte de mes gonds. Je me suis promis de rester calme, car hausser le ton n'arrange pas les choses avec ce mis en examen mais au contraire les aggrave immanquablement, aussi je réponds à cette entrée en matière en m'adressant aux agents en charge de m'amener Lenny par un très calme « Messieurs, pourriez-vous désentraver le mis en examen, je vous prie ? ».

L'escorte retire les menottes de Lenny : le principe est qu'un prévenu ne doit pas comparaître menotté devant un juge et l'administration pénitentiaire ayant prévu une escorte renforcée pour des raisons évidentes de sécurité, je décide de ne pas faire d'exception à ce principe.

Le Boss s'assoit brusquement et va s'employer à être plus désagréable que jamais. Il est manifestement vexé de s'être fait attraper et il est résolu à faire profiter toutes les personnes présentes de sa mauvaise humeur de la manière la plus expansive possible, alors il bougonne, râle, crie, s'agite… À plusieurs reprises, l'escorte doit intervenir fermement alors qu'il jaillit de sa chaise…

Le très jeune avocat commis d'office de Lenny se fait tout petit : il a tiré son siège le plus loin possible de son client et est de toute évidence mortifié de le voir éructer de cette manière pour le moins inhabituelle dans un cabinet de juge d'instruction. Eugénie n'est pas rassurée non plus. Je feins la plus parfaite sérénité : question d'orgueil (un peu) et de crédibilité (beaucoup), il est hors de question que le Boss éprouve le plaisir de constater qu'il me déstabilise ou me fait peur. Je déroule les questions que j'ai prévu de lui poser, sans tenir compte de ses digressions et de ses manifestations de colère, je profite de l'interrogatoire pour lui notifier les conclusions de l'expert psychiatre qu'il avait rencontré en détention avant son évasion et qui m'a déposé son rapport pendant sa cavale.

L'expert parle d'impulsivité, d'estime de soi démesurée, et indique que Lenny présente une dangerosité criminologique très importante.

« Que pensez-vous, Monsieur, des traits de personnalité que décrit l'expert ?

– Il est passé à côté, rien d'étonnant vu le guignol que tu m'as envoyé là, il posait que des questions débiles et il est resté dix minutes.

– Et ce problème d'ego dont il parle ?

– Quel problème, tu rigoles ou quoi ? Y'a pas de problème, je suis réaliste, c'est tout. »

Je repense à l'audition de la mère de Lenny, réalisée par les enquêteurs sur commission rogatoire pendant son évasion. C'est une petite dame fatiguée, ayant élevé quatre enfants toute seule dans un petit appartement. Elle a expliqué avoir, dès son plus jeune âge, eu beaucoup de problèmes avec son petit dernier, sans comprendre pourquoi, tous ses enfants ayant reçu la même éducation et seul celui-ci ayant pris un mauvais chemin… Elle avait très peur qu'il vienne se réfugier chez elle mais a précisé aux policiers que s'il venait, elle lui ouvrirait sa porte et attendrait le temps qu'il faudrait avant qu'il reparte et non, elle ne préviendrait personne, elle n'appellerait sûrement pas le commissariat, « vous ne savez pas de quoi il est capable ».

Je n'arrive décidément à rien avec Lenny, mais vraiment à rien du tout. Aucune interaction n'est possible, il ne connaît que le rapport de force. Je finis par renoncer à tirer quoi que ce soit de cet interrogatoire.

L'avocat de Lenny n'a pas de questions et semble juste pressé de sortir de cette pièce à l'ambiance si tendue et de s'éloigner du fauve assis à deux mètres de lui.

Je notifie à l'intéressé sa mise en examen supplétive pour l'évasion et les infractions commises au cours de celle-ci. Lenny refuse de signer le procès-verbal, comme à chaque fois ; je note un progrès, finalement il doit être de bonne composition aujourd'hui puisque d'habitude, il feint de vouloir apposer sa signature avant de froisser le document en boule et de le jeter au sol avant de me regarder, fier de lui.

J'explique à Lenny qu'au vu de son positionnement, de son évasion récente et pour des raisons évidentes de sécurité, je n'organiserai pas de reconstitution. Tous les témoins ont par avance fait savoir qu'ils refuseraient de venir et qu'ils s'arrangeraient, si je voulais les y contraindre, pour se rendre introuvables et ainsi échapper à cet acte d'instruction. Dans ces conditions et Lenny contestant toute implication, je vois difficilement ce qu'on pourrait reconstituer sur site, l'avocat du mis en examen hoche vigoureusement la tête.

Quelques semaines plus tard, je mets Lenny en accusation devant la cour d'assises de mon ressort du chef de meurtre. J'apprendrai plus tard que la cour devra décerner un mandat d'amener pour la quasi-intégralité des témoins, qui seront donc amenés par la force devant la juridiction. Là, les yeux baissés, ils raconteront leur version des faits sous les invectives et quolibets du Boss, très en forme et cumulant les coups d'éclat. Il sera à plusieurs reprises expulsé de la salle d'audience, épuisant la cour qui finira par le condamner à vingt années de réclusion criminelle.

MON FRÈRE

Ce soir, la nuit tombe et je viens d'apprendre une mauvaise nouvelle sur le plan personnel.

Je n'ai qu'une envie, c'est rentrer chez moi, me rouler en boule et me laisser aller à pleurer jusqu'à ce que je n'en puisse plus, mais aujourd'hui, cela ne va pas être possible. Je suis juge d'instruction depuis bientôt deux ans maintenant et c'est jour de reconstitution : un acte comme celui-là se programme et s'organise des semaines, voire des mois à l'avance. Dans ce dossier de meurtre, les faits se sont produits sur la voie publique au milieu d'un quartier dit « mal fréquenté » et les policiers ont donc mis en place un gros dispositif de sécurisation des lieux, pour que tout se déroule au mieux.

Il n'est donc pas question d'annuler : en forme ou pas je, dois et je vais y aller. J'ai revêtu mon plus beau combo baggy-baskets de reconstit', je serre les dents et c'est parti, je prends le volant et j'en profite pour pleurer un peu en conduisant jusqu'au lieu des faits. Une demi-heure de route, je descends de ma voiture et me dirige vers le directeur d'enquête, qui m'attend un peu à distance du reste du groupe. On se connaît bien et il a l'œil : une main légère sur l'épaule, un « ça va ? » qu'il murmure discrètement... Mes yeux humides et mon eye-liner qui a coulé ne lui échappent pas. Il ne pose pas de questions, aucune curiosité mal placée... Je hoche la tête, me débarbouille dans son rétro et lui souris, « on y va ! »... *The show must go on.*

Redevenue présentable, je m'avance vers le camion de l'administration pénitentiaire devant lequel m'attend Marc, le mis en examen. Il est menotté et porteur d'une corde attachée à sa ceinture que tient l'un des membres de l'escorte, comme à presque chaque reconstitution. Je sais que ce dispositif est là pour des raisons de sécurité, pour parer à d'éventuelles velléités de fuite... Je grimace, comme à chaque fois. Comme la plupart du temps quand le prévenu est calme, comme ce soir, je demande aux agents de la pénitentiaire s'ils peuvent l'enlever, ce qu'ils acceptent.

Marc est fébrile et a le regard sombre, et on comprend aisément pourquoi : aujourd'hui, il doit nous montrer comment il a tué son frère.

C'était un soir d'été brûlant. Marc avait organisé une fête dans la salle polyvalente de son quartier, pour réunir les siens et fêter les vingt ans de sa fille. Marc est tellement fier de sa famille : malgré les galères, ils sont unis. Sa femme et lui cumulent les petits boulots et vivent dans un petit appartement, dans ce quartier de tours grises qu'ils aiment mais où le quotidien est parfois difficile. Ils ont trois enfants : les deux aînés ont vite quitté la maison pour gagner leur vie, la dernière fait des études de littérature et les réussit brillamment. L'argent ne coule pas à flots et on ne profite pas beaucoup... Alors ce soir, Marc a invité tous ses proches, sa mère, ses sœurs, des voisins, tous les amis de sa benjamine ; de la musique, un peu d'alcool... Tout le monde plaisante, les jeunes dansent, l'ambiance est bon enfant.

Une voix braillarde vient rompre la quiétude du moment. Marc se retourne et se retrouve face à face avec le trouble-fête dont il craignait l'irruption, son frère aîné, Eugène. Il habite dans le quartier lui aussi, mais Marc ne lui parle pas et l'évite autant que possible. Il lui fait honte en fait, il lui a toujours fait honte... Il boit, il ne travaille pas, il cumule les frasques, tout le monde en parle et ça met toute sa famille très mal à l'aise. Eugène s'est toujours moqué de lui, il a toujours profité de la gentillesse de ses proches, de leur mère en premier lieu, il a même fait un esclandre lors des obsèques de leur père, ce que Marc ne lui a jamais pardonné.

Il n'a pas été convié, car tout le monde sait d'avance comment ça va finir… Mais peu importe, Eugène a décidé de venir quand même et il semble comme d'habitude décidé à se faire remarquer, et pas pour le meilleur. Manifestement il a bu, il apostrophe les invités, il est sale, vulgaire… Il refuse de quitter la fête comme leurs sœurs lui demandent de le faire ; peu à peu, la gaieté enivrée de Marc cède la place à l'agacement, puis à la colère… Il saisit son frère par le col et le traîne en dehors de la salle, plus loin dans la rue pour que, pour une fois, il ne gâche pas tout. Eugène crie, se débat, l'insulte, l'affuble de ce sobriquet idiot qu'à cause de lui, Marc traîne depuis l'enfance.

À quelques dizaines de mètres de la salle d'où s'échappent la musique et quelques éclats de rire, les deux frères se font face et se défient du regard. Celui d'Eugène est embrumé, et il s'esclaffe quand son cadet lui enjoint de partir, de rentrer chez lui, de les laisser tranquilles : que va-t-il faire, bébé Marco, s'il refuse ? L'y obliger ? Lui le faible, lui le minable, lui qui a toujours tout raté ? Eugène ricane, comme toujours il ridiculise Marc, il le provoque et l'invite à venir se battre s'il en a le courage : joignant le geste à la parole, il le bouscule. Oh pas bien fort : il tient à peine debout et ne serait en réalité capable d'affronter personne. Quelques pas en arrière et Marc lui échapperait, quelques dizaines et il retournerait près des siens, dans la lumière et la joie… Mais il enrage et, cette fois, il ne parvient pas à partir et à lâcher l'affaire : il reste là, à écouter son aîné l'humilier, le mettre plus bas que terre dans une grande envolée lyrique d'alcoolique dont il a pourtant l'habitude. Il sent la fureur grossir, grossir jusqu'à l'habiter tout entier… Des larmes montent à ses yeux bien malgré lui et Eugène part dans de grands éclats de rire, bébé Marco chiale, comme toujours, c'est encore le petit chouineur qu'il a toujours été…

Cette fois Marc recule, mais pas pour retourner à la fête : il se dirige vers sa voiture, dont il ouvre le coffre. Devant moi, en interrogatoire, il a bien été obligé de le reconnaître : à cet instant précis, il sait ce qu'il va y chercher et dont il se saisit immédiatement, sa machette, qu'il a toujours dans son véhicule pour ses travaux dans les espaces verts. Sa vieille machette au manche en bois rafistolée avec du scotch, la lame rouillée… Cette machette dont les enquêteurs ont ce soir apporté une réplique en contreplaqué pour les besoins de la reconstitution.

L'alcool qui coule dans les veines d'Eugène l'empêche de voir que bébé Marco a largement passé le cap de la plaisanterie et il ne réalise pas que cette dispute de frères maudits, répétée dix fois, cent fois peut-être, est sur le point de basculer dans le tragique : il continue à rire, très fort, à se moquer de sa voix pâteuse de la petite vie étriquée de son cadet, de sa famille… Et il s'avance vers lui, en titubant.

Marc frappe. Pas très fort, pas assez pour le faire taire, réalise-t-il en entendant les hurlements indignés d'Eugène, alors il abaisse encore sa machette et il ne s'arrête pas alors que son frère est au sol et a cessé de rire et de crier depuis bien longtemps… C'est un voisin qui intervient et désarme Marc qui comme fou, sans émettre un son, frappe et frappe encore.

Le mis en examen sera incapable en garde à vue ou dans mon cabinet de dire combien de fois il a levé et abaissé son arme. C'est le médecin légiste qui donnera le nombre de coups. Quatorze. Quatorze coups, portés avec force, qui ont laissé la victime dans un sale état, méconnaissable.

Marc est hébété quand il est présenté devant moi au cours d'un week-end de permanence. Il reconnaît les faits, comment pourrait-il faire autrement ? Il ne parvient en revanche pas à les expliquer de manière rationnelle. Il ne comprend pas, cette colère, cette violence, cette boucherie, ce n'est tellement pas lui… Eugène avait fait tellement pire dans le passé, pourquoi ? Il fait quelques déclarations embrouillées lors de son interrogatoire de première comparution, d'une voix tremblante, comme ses mains qu'il tord en tous sens. Je le mets en examen pour meurtre, le juge des libertés et de la détention le place en détention provisoire.

L'instruction a vite avancé au cours des mois suivants : j'ai ordonné une expertise psychiatrique et une expertise psychologique, beaucoup de témoins ont été auditionnés…

L'expert psychiatre n'a décelé aucune maladie mentale chez Marc. Il parle d'un raptus, expliquant qu'au moment des faits il était saisi d'une colère sourde, noire, torrentielle, ayant tout emporté sur son passage et qu'il n'a pas su réfréner, comme si toute la rancœur accumulée depuis des années avait explosé d'un coup. L'expert l'estime parfaitement responsable de ses actes.

Je réinterroge Marc : il ne se défile pas et ne minimise pas son geste. Il est juste incapable de comprendre comment il en est arrivé là.

Il est très soucieux pour son épouse qui est en grande difficulté dehors, elle est à présent seule à assumer la charge de la famille, et le regard des gens du quartier pèse lourd, même si personne ne pleure beaucoup l'absence du défunt…

Marc a aussi du mal à vivre avec ce qu'il a fait. Eugène était teigneux, mais ça restait son frère, son seul frère, et il ne méritait pas ça, personne ne le mérite en fait… Il pense à sa mère qui vient le voir en prison : elle ne s'est pas constituée partie civile, tout comme ses sœurs. Elles ne l'accablent pas et se sont d'ailleurs montrées très bienveillantes quand elles ont été auditionnées, mais pour autant, il a le sentiment d'avoir brisé sa famille.

Il est submergé par l'angoisse et ne se reconnaît pas dans les faits qui lui sont reprochés, dans sa situation de détenu… Il a perdu beaucoup de poids et dort très mal. Il est médicamenté en maison d'arrêt pour réussir à tenir, il est donc un peu brumeux quand je l'interroge. Il est toujours poli et un peu intimidé quand il vient à mon cabinet, comme s'il craignait que je l'accable de reproches, ce que manifestement il parvient très bien à faire tout seul…

On arrive au bout de cette instruction et aujourd'hui, il faut donner à voir cette maudite soirée. C'est important pour le procès, afin que la cour d'assises qui va juger Marc comprenne ce qui s'est passé, et comment.

Il fait des efforts pour se remémorer la scène : un policier joue le rôle de son frère. Tous les yeux sont rivés sur lui. En plus de ma greffière et moi, son avocat s'est déplacé, le procureur, le médecin légiste qui a pratiqué l'autopsie d'Eugène, les témoins des faits…

Et sa mère. Je lui ai expliqué avant le début des opérations que ce qu'elle allait voir lui ferait mal et que ça n'aiderait pas son fils, mais elle a voulu rester ; je pourrais l'obliger à partir, mais j'ai interrogé Marc du regard et lui aussi, il veut qu'elle soit là…

Les faits ont eu lieu dans la rue et il est impossible d'empêcher les riverains de se mettre à leur fenêtre : c'est donc devant tous ses anciens voisins que Marc bute sur la scène des coups. Il n'y arrive pas, il ne s'en souvient plus… C'est donc un autre policier qui mime ce passage de la scène, selon les indications fournies par le témoin le plus direct. Marc est alors à mes côtés et je l'observe : il a du mal à regarder et quand je lui demande doucement, car je sens qu'il est proche du point de rupture, si cela peut correspondre, il se contente de hocher la tête, le visage baigné de larmes.

Un dernier tour de questions et il signe le procès-verbal « de transport sur les lieux, d'interrogatoire, de confrontation et de reconstitution » que ma greffière établit pour ce type d'acte. Je la laisse s'assurer que tous les participants le signent également et je raccompagne Marc vers le camion qui va le ramener en détention. Il pleure toujours, sans bruit. Avant que l'escorte lui passe de nouveau les menottes, j'autorise d'un signe de tête que sa mère s'approche : beaucoup plus petite que lui, elle l'entoure de ses bras et l'enlace, et je l'entends consoler son petit dernier et lui dire que « ça va aller, c'est fini… ».

Une demi-heure plus tard, seule dans l'obscurité de ma voiture, la pression retombe. L'adrénaline redescend. Mes problèmes personnels reprennent le dessus sur ma concentration, sur l'image de Marc dans les bras de sa mère, sur leurs larmes et leurs murmures…

Je me refais, en retournant chez moi, de magnifiques yeux noirs de panda.

MALGRÉ ELLE

Audience correctionnelle : me voilà de retour à la place de l'accusation, après une mutation qui a marqué mon retour à mes premières amours, le parquet.

Sébastien est à la barre des prévenus : il est jugé en comparution immédiate, pour violences conjugales. Nadia est assise, très raide et manifestement en colère, sur le banc réservé aux parties civiles, statut dont elle n'entend pas se prévaloir. Elle veut juste qu'on l'écoute. Elle a le regard noir et braqué sur moi, installée à la place du ministère public.

Quand son tour d'être entendue vient, elle affirme haut et fort être là malgré elle et que ce procès n'est qu'une lamentable erreur, puisqu'elle n'est victime de RIEN, elle appuie très fort sur ce mot. Sébastien ne l'a JAMAIS violentée, ni physiquement ni verbalement, d'aucune manière. Ces accusations ne sont que la résultante d'une machination ourdie par sa famille pour l'éloigner de son compagnon, qu'ils n'ont jamais pu supporter. Sa voix monte dans les aigus et on la sent à fleur de peau alors qu'elle martèle que tout ça, ce sont des mensonges, des inventions, des calomnies.

Les explications de Nadia peinent à convaincre, car elles arrivent après une instruction à l'audience assez accablante pour Sébastien qui, comme sa compagne, affirme qu'il ne s'est rien passé et qu'il n'a jamais été violent.

Le président du tribunal a lu les déclarations de la famille de Nadia, sa mère, ses deux sœurs, son oncle… Tous décrivent avoir reçu les confidences de la jeune femme, épuisée, faisant état d'une relation amoureuse en dents de scie, dont les bas sont plus fréquents et plus durables que les hauts.

Les bas, ce sont des scènes d'une violence terrible, qui la sèchent et la laissent inerte ; au bout d'un long moment, lorsque Nadia ne réagit plus à ses coups, Sébastien quitte l'appartement et la laisse au sol, recroquevillée et sanglotante. Parfois elle a la force de prendre quelques affaires et elle va se réfugier chez un proche : à plusieurs reprises, sa mère ou ses sœurs ont pris des photos de son corps et de son visage meurtris, au cas où.

Le président a montré ces photos de griffures, d'hématomes impressionnants par leur taille et leur nombre, de traces de morsures, profondes et rougeâtres… L'audition de la mère de Nadia nous indique que ces clichés ne sont qu'un pâle reflet de la réalité, car des côtes cassées ou une fausse couche provoquée à coups de pied dans le ventre, ça ne se photographie pas.

Le président a fait passer un enregistrement, effectué à l'insu de l'intéressée, des confidences de la jeune femme à sa sœur aînée : elle explique qu'elle n'en peut plus, que parfois elle pense qu'il va la tuer, mais elle supplie d'une voix blanche de ne pas appeler les gendarmes, parce qu'elle a peur, parce qu'elle l'aime, parce que ça va aller mieux, parce qu'ils peuvent surmonter ça, elle en est sûre… Cette voix qui s'élève dans la salle d'audience, c'est celle d'une Nadia terrifiée, au bout du rouleau, que ses déclarations à la barre ne parviennent pas à faire oublier.

Chaque fois qu'elle s'est réfugiée chez ses proches, Nadia est restée très peu de temps et malgré l'insistance des siens pour qu'elle arrête cette relation qui la mine, leurs promesses de la soutenir, d'être là, elle est retournée vers lui, comme « envoûtée », ont-ils dit. Ils ne comprennent pas, et ils ont peur qu'un jour…

Alors ils ne l'ont pas écoutée, et ils ont appelé les gendarmes. Au vu de la gravité de la situation et de la violence des scènes que la famille de Nadia décrit, ces derniers ont très vite diligenté une enquête.

Ils se sont renseignés auprès du médecin qui suit Nadia et de l'hôpital le plus proche de l'endroit où elle vit. Depuis deux ans, elle a consulté, souvent, et il lui est arrivé beaucoup d'« accidents »... Les côtes cassées et la fausse couche, ce ne sont pas des inventions : ces événements ont bien eu lieu, même si Nadia n'a jamais dit qu'elle avait été victime de violences. Elle a indiqué être tombée, ou s'être cognée... Être maladroite. Et il y a eu d'autres incidents, toujours fortuits, souvent expliqués à l'aide des excuses que les gendarmes entendent si souvent...

L'enquête de voisinage s'est avérée instructive : les occupants des appartements voisins entendent les bruits sourds d'objets (ou d'un corps...) tombant au sol, les cris, toujours ceux de Sébastien. D'ailleurs, il leur fait peur, alors ils n'ont rien dit, même s'ils se doutent de ce qui se passe : ils ont vu Nadia plusieurs fois amochée, même si elle trouve toujours des justifications qui ne trompent personne. Une voisine qui a connu la violence dans son passé précise : « Je lui ai dit un jour que je trouvais qu'elle tombait drôlement souvent, elle m'a évitée après. »

Sébastien a été placé en garde à vue et il a nié avoir été violent avec sa compagne. Nadia s'est mise très en colère quand les gendarmes sont venus le chercher, rappelant qu'elle n'avait « rien demandé » et exigeant qu'on les laisse tranquilles...

Mais moi non plus, je ne l'ai pas écoutée. J'ai lu le dossier. J'ai regardé le casier judiciaire de Sébastien, déjà condamné pour des violences parfois graves ; il est d'ailleurs en état de récidive.

Je me suis dit qu'il fallait faire quelque chose, malgré Nadia, sa colère et ses suppliques, parce que pour l'instant, elle ne pouvait pas s'extraire de cette relation et était donc incapable de se protéger. Je me suis dit que ce qu'elle croyait être un amour indestructible allait finir par la tuer.

J'ai décidé que Sébastien devait être déféré devant moi et poursuivi immédiatement, pour mettre un terme à tout ça.

Le président a lu à l'audience la lettre que la mère de Nadia a adressée au tribunal mais dans laquelle, en réalité, elle parle à sa fille.

Elle lui dit qu'elle ne la reconnaît plus, elle qui riait tout le temps, elle qui croquait la vie et qui avait tout pour elle. Elle lui dit qu'elle lui manque, qu'elle manque à tout le monde. Elle lui dit qu'elle a peur qu'un jour on l'appelle pour lui dire que c'est terminé, que c'est trop tard, qu'elle ne la reverra plus jamais. L'émotion est palpable dans la salle d'audience.

Le président tente de glisser à Nadia qu'il ne sent pas dans cette lettre une volonté chez sa mère de prendre le contrôle sur sa vie, ou de faire du mal à Sébastien, mais que peut-être, c'est juste une maman qui essaie de la protéger car…

Nadia, le menton levé et le regard cadenassé, le coupe :

« Vous la connaissez pas. Moi, je sais. »

Les débats sont clos, et je me lève pour prendre mes réquisitions. Il y a infiniment plus de haine dans les yeux de Nadia que dans ceux de Sébastien, qui comprend ce qui est en train de se jouer et attend calmement d'être fixé sur son sort.

J'explique que je n'attendrai pas le coup de trop, celui où elle sera gravement blessée, où elle tombera mal, que je n'accepte pas le risque que je doive un jour expliquer aux assises que si je n'ai rien fait pour l'aider, c'est parce que Nadia ne s'estimait pas victime ; j'indique que si elle ne se considère pas comme telle, la société que je représente si, que les éléments en ce sens au dossier sont nombreux et convergents, et que je chercherai à la protéger malgré elle, contre elle s'il le faut. Le regard de Nadia est vrillé sur moi, me défiant, je sens sa rage tandis que je requiers une lourde peine d'emprisonnement au vu des antécédents de Sébastien et du caractère habituel des violences.

Tandis que le tribunal délibère, elle parle à Sébastien au milieu des gendarmes stoïques de l'escorte, elle lui clame que rien ne peut lui arriver, leur arriver, elle m'invective au passage et me gratifie de quelques insultes que je feins de ne pas entendre.

Quand Sébastien est condamné à trois ans d'emprisonnement (dont une partie assortie d'un sursis avec mise à l'épreuve) avec mandat de dépôt, il reste impassible et n'émet pas un son tandis que l'escorte lui passe les menottes. Elle hurle, se jette sur les gendarmes, nous crie sa fureur et lui dit qu'elle l'attendra. Elle quitte la salle sans un regard, sans un mot pour sa mère, pourtant venue pour elle.

Elle l'attendra en effet. Elle accouchera de leur enfant, tout juste conçu au moment du procès, pendant la détention de Sébastien. Ils continueront leur vie ensemble à sa sortie, mais sans leur petit garçon, placé par un juge des enfants au vu du danger jugé trop important pour lui au sein de son foyer.

Je croise parfois son nom dans les dossiers des petites infractions qu'ils commettent ensemble. Je me rappelle ses yeux, je me rappelle ses cris, et je pense à ce gigantesque gâchis.

UN SI BON FILS

Audience correctionnelle en formation collégiale[18] : Henri fixe ses trois juges avec un regard sévère, l'air offusqué de la vertu outragée. Depuis le début de l'audience, son dossier n'ayant pas été pris parmi les premiers, il toise les autres personnes qui patientent dans l'attente de leur jugement d'un air mêlé de dédain et de vexation. De toute évidence, il pense ne pas avoir sa place dans cette salle, à cette barre.

J'ai moi aussi ma tête des mauvais jours, et je compte bien démontrer au tribunal qu'Henri a parfaitement sa place ici et qu'il doit être condamné pour les faits d'abus de faiblesse pour lesquels j'ai décidé de le poursuivre.

Le banc des parties civiles est vide. Seul est présent l'avocat du tuteur de la victime, Olga, 89 ans, la maman d'Henri. Elle n'est pas là, car elle ne comprendrait pas ce qui se passe, elle ne sait plus quel jour on est, sans doute plus en quelle année… Ce n'est même pas sûr qu'elle reconnaîtrait son fils, Henri, à qui on reproche aujourd'hui d'avoir profité de l'extrême vulnérabilité de sa mère alors que celle-ci sombrait peu à peu dans la maladie qui ne l'a depuis plus quittée et qui l'a même complètement engloutie.

Les faits ont été révélés lorsque sa voisine et amie de longue date, Jeanne, a prévenu les services sociaux. Elles se connaissent depuis

18. Tribunal correctionnel siégeant à trois juges, en opposition à une formation dite à juge unique, avec un seul magistrat du siège.

bien longtemps, ont vu leurs enfants grandir côte à côte, ont partagé des moments de joie puis ont perdu leur mari, Jeanne d'abord, Olga plus tard… Herbert est mort il y a deux ans, laissant Olga toute seule avec pour seule famille Henri, son fils unique.

Jeanne a commencé à s'inquiéter en constatant qu'au fil des mois, Olga était de plus en plus désorientée. Elle disait des choses étranges, errait dans son jardinet bien trop longtemps, y compris dans le froid, pas assez chaudement habillée… Parallèlement, elle trouvait son amie vraiment très seule : quand Herbert était là, un jardinier venait régulièrement, une entreprise de portage de repas, une femme de ménage qu'Olga appelait, en riant pour faire sa coquette, ma « dame de compagnie ». La coiffeuse passait également deux fois par mois, pour la mise en plis d'Olga. Tout était organisé pour que le couple ne manque de rien et vive sereinement ses vieux jours… Progressivement, plus personne n'est venu, les contrats de ceux qui s'occupaient d'Olga ont été un à un résiliés.

Oh, Olga a rassuré Jeanne, Henri s'occupait de tout, il allait venir entretenir le petit jardin, il ferait les courses pour remplir le frigo, il passerait régulièrement la voir… « Les temps sont durs », avait-il indiqué, et c'est vrai qu'il fallait bien faire des économies, la maison coûtait cher…

Des économies ? Jeanne n'a pas compris : Herbert avait pris toutes ses dispositions pour que celui qui se retrouverait seul n'ait aucun souci à se faire, il était prévoyant et avait pensé à tout… Elle a froncé les sourcils et cherché à en savoir plus, mais Olga a sèchement coupé court – « Henri est un si bon fils » –, et elle a enjoint à sa voisine de ne pas s'inquiéter, avant de changer de sujet. Jeanne n'aime pas se mêler des affaires des autres, alors elle a volontiers arrêté de poser des questions. Après tout, elle connaissait Henri depuis des années et c'est vrai que c'était un bon fils, un garçon sérieux et tout le portrait de son père, un chef d'entreprise en plus… On pouvait lui faire confiance pour veiller sur sa mère !

Mais les mois ont passé et Henri n'est pas beaucoup venu… Un peu au début, et Jeanne a bien vu que sa grosse voiture noire ne s'attardait pas beaucoup dans l'allée… Puis plus du tout. Les volets étaient souvent fermés, Olga ne répondait plus au téléphone et ne sortait presque plus, comme avant, dans le jardin qu'elle aimait tant pour y prendre le soleil.

Quand elle l'apercevait, Jeanne constatait que sa vieille amie avait fini par ressembler à son jardin, abandonné et triste… Olga errait au milieu des chardons qui avaient fini par gagner, en vieille chemise de nuit, ou attendait sans rien faire sur une petite chaise installée dans un coin… Mais Jeanne pouvait aussi passer des semaines, des mois sans la voir.

Elle a appelé Henri, pour lui faire part de son inquiétude, mais il l'a froidement éconduite : de quel droit osait-elle seulement mettre en doute la manière dont il s'occupait de sa mère ? Il n'a pas été très poli, et Jeanne ne l'a pas reconnu…

Quelques jours plus tard, la grosse voiture noire s'est garée dans l'allée, et Henri a sorti Olga dans le jardin. Il a installé sa chaise au soleil et est reparti dans la maison, il l'a laissée là, longtemps… Elle était amaigrie et avait l'air fatiguée, un peu perdue. Jeanne a repensé à son amie, si pimpante, toujours tirée à quatre épingles… Elle lui a fait un signe de la main depuis sa terrasse, lui a lancé un « bonjour » joyeux, mais sa voix s'est un peu étranglée dans sa gorge : Olga n'a pas semblé la reconnaître. Elle a levé la main, lentement, le regard dans le vague… Plus tard, elle a sursauté et s'est mise à crier quand elle a vu Garfield, le chat du quartier que toutes les vieilles dames nourrissaient… Jeanne a bien vu qu'elle ne se souvenait plus de lui. Henri a accouru en entendant sa mère et l'a fait rentrer à l'intérieur de la maison : Jeanne ne l'a pas trouvé gentil, cette voix autoritaire, ces gestes presque brutaux… Elle s'est inquiétée un peu plus.

Jeanne a beaucoup retourné la question dans sa tête, elle a hésité longtemps, qu'elle déteste ces gens qui fouinent partout et se mêlent de ce qui ne les regarde pas… Mais qu'Olga était maigre, et ce regard fixé au loin…

Un jour de marché, Jeanne est allée voir le maire et lui a parlé de la situation de sa voisine : dans les petits villages, ça se passe comme ça, il a rassuré Jeanne et promis de passer très vite, et il est venu, le lendemain matin… Olga n'a pas ouvert.

Il a donc envoyé les assistantes sociales, elles ont insisté, insisté. Et Olga a fini par entrebâiller sa porte. Une Olga squelettique, toute voûtée dans son immense chemise de nuit souillée… Elle est vite retournée s'asseoir, en traînant ses vieilles pantoufles au sol, devant la télévision qui criait fort. Elle avait l'air tellement épuisée…

Les assistantes sociales ont ouvert le frigo, vide, les placards, vides aussi. La maison était sale et sentait le moisi, les volets étaient hermétiquement clos… Olga n'a pas su répondre à toutes leurs questions, et elles en avaient beaucoup : elle a répété en boucle qu'il fallait voir ça avec Henri, qu'il s'occupait de tout, que son numéro était sur le frigo – où il n'y avait rien –, qu'elle voulait dormir. Elle ne savait pas où elle était ni quand, et elle n'avait rien à dire… Ah si, une chose : « J'ai faim. »

Jeanne a vu les dames ressortir, elles n'avaient pas l'air contentes. Elles ont discuté, elles ont passé plusieurs coups de téléphone… Le médecin du village est venu, il n'est pas resté longtemps avant l'arrivée d'une ambulance, qui a emmené Olga. À l'hôpital, elle ne reconnaissait plus personne, elle a beaucoup dormi, et beaucoup mangé. Elle ne parlait presque pas.

Les assistantes sociales n'ont pas appelé que le médecin du village… Elles ont également appelé leur chef de service pour signaler la situation d'Olga et, après discussion, ce qu'elles avaient découvert dans cette maison a fait l'objet d'un signalement au procureur de la

République.

Olga a donc été entendue par les gendarmes, à ma demande. L'audition a été de courte durée, elle n'a presque rien dit ou a répondu à côté des questions.

Ils ont aussi demandé à un médecin légiste et à un psychologue de l'examiner : malnutrition, déshydratation, sévère désorientation et perte de repères spatio-temporels… Les experts sont formels, Olga est vulnérable et son état se dégrade depuis un certain temps déjà. Le diagnostic est clair : état de démence due à l'âge.

Les gendarmes sont allés dans la petite maison : ils ont pris des photographies et ils ont effectué une perquisition. Ils ont retrouvé beaucoup de papiers, des procurations, des contrats signés d'une petite écriture tremblotante de vieille dame… Ils ont également regardé les comptes bancaires, vides, comme le frigo d'Olga. Les services à la personne et la mutuelle résiliés, les factures impayées, les économies envolées…

Mais où est passé le pécule d'Herbert ? Les enquêteurs n'ont pas eu à chercher bien loin…

La belle voiture achetée récemment, un petit appartement en bord de mer, des vacances en famille au soleil, ils avaient même envoyé une carte postale à Olga (« Bisous Mamie, je m'amuse trop ! Benjamin »). Oh, Henri en a bien profité du pécule, il en a aussi réinvesti une petite partie dans son entreprise en difficulté.

Olga a été placée sous tutelle et a quitté l'hôpital pour une maison de retraite, pas trop chère, la pension de réversion d'Herbert suffit à peine à en couvrir les mensualités… Il ne reste rien pour les petits plaisirs d'Olga, même si de temps en temps, une infirmière lui rapporte ces chocolats dont elle raffole… De l'EHPAD, Olga réclame Henri, ses petits-fils Benjamin et Maxime, mais personne ne vient… Et Herbert.

Henri a été placé en garde à vue sur mes instructions, pour abus de faiblesse. Ah, il s'est indigné, a clamé haut et fort qu'il prenait soin de sa mère, qu'il gérait tout, tout seul, qu'elle ne manquait de rien. Il passait peu car il travaille beaucoup, mais il veillait à ce que tout soit en ordre.

L'argent ? Mais elle n'en avait pas besoin, alors elle lui en faisait cadeau, elle était d'accord pour tous les virements, pour tous les chèques, il en avait besoin pour son entreprise, la crise a fait beaucoup de mal. Et puis… c'est son héritage non ? Maintenant ou plus tard, après tout qu'importe, cet argent dormait pour rien, et sa mère le savait, c'était son idée, d'ailleurs elle a signé.

Il gérait bien mieux qu'elle, qui confond les francs et les euros, et toutes ces procurations, c'était pour son bien à ELLE ! Le jardinier la dépouillait, travaillait mal, et cette « dame de compagnie » ridicule et hors de prix… Le frigo vide ? Balivernes, c'est que sa mère est gloutonne et ne gère pas les courses qu'il faisait pour elle, grand seigneur… deux fois par mois.

La voiture ? Un cadeau :

« C'est interdit d'être gâté par sa mère ? Elle savait parfaitement ce qu'elle faisait ! »

Le gendarme persifle :

« Je croyais qu'elle confondait les francs et les euros… »

Henri s'enfonce, Henri s'offusque qu'on lui demande des comptes sur ce qu'il s'est certes permis de prendre de manière légèrement anticipée, mais rien que de très légitime. Il trouve toute cette mascarade grotesque, il proteste contre ses conditions de garde à vue qui ne devraient pas s'appliquer à un honnête homme comme lui, un travailleur, quelqu'un qui a toujours beaucoup donné pour sa famille, son entreprise…

Quand l'enquêteur lui annonce que le procureur a décidé de le poursuivre du chef d'abus de faiblesse devant le tribunal correctionnel, Henri ouvre des yeux ronds…

Et nous voilà à l'audience.

Henri a la moustache sévère à la barre, il répond de manière sèche et prend le tribunal de haut. Interrogé par le président sur la manière dont il s'occupait de sa mère, il explique qu'il avait ses problèmes et pas beaucoup de temps à lui consacrer, qu'elle dilapidait une vie d'économies durement épargnées. Il a donc utilisé son patrimoine au mieux, en accord avec elle, notamment pour sauver sa société et améliorer son quotidien. Il insiste : elle allait très bien, savait parfaitement ce qu'elle faisait, et il n'a en rien abusé de la situation.

L'avocat du tuteur d'Olga raconte la vie d'Olga à l'EHPAD. Pas de nouvelles d'Henri, elle s'ennuie un peu. Elle a recommencé à parler petit à petit, elle passe un peu de temps avec les autres pensionnaires, les petites promenades dans le parc, et la télévision, beaucoup. Oh, il existe des établissements dans les environs plus cotés, avec plus d'activités, mais ceux-là, Olga ne peut pas se le permettre : la pension d'Herbert et les aides de l'État peinent déjà à couvrir le coût de la prise en charge, et il ne reste plus de budget pour les extras. Olga ne possède plus rien d'autre que sa petite maison, où elle a élevé son fils, la procédure pour la vendre est lancée, pour avoir un peu de liquidités et améliorer le quotidien.

Olga ne sait rien des poursuites engagées contre son fils, et de l'argent disparu. Elle parle d'Henri sans qu'on sache vraiment si elle songe à son fils adulte ou à celui qu'il était, enfant. Elle parle d'Herbert comme s'il était toujours vivant, ou même parfois, elle s'adresse à lui comme s'il était à ses côtés, dans la pièce. La maladie gagne du terrain, peu à peu, et certaines journées se déroulent entièrement, pour elle, dans la brume.

C'est vrai qu'elle gloutonne, sourit l'avocat, les jours de privation ont laissé des traces… Elle s'est remplumée, mais elle a toujours peur de manquer et un jour, une infirmière a vu qu'elle avait gardé un peu de nourriture dans un coin de sa chambre. Au cas où ?

La partie civile par la voix de son conseil demande le remboursement des 170 000 € détournés… La moustache d'Henri en frémit.

Elle n'a pas fini de frémir puisque c'est à mon tour de prendre mes réquisitions et que, quand je me lève, je lance immédiatement à Henri ce que la société, que je représente, pense de son attitude.

De ces signatures doucereusement soutirées sur un coin de la vieille table d'Olga, celle-là même où elle lui préparait ses tartines d'enfant.

De ses visites quand il avait le temps, c'est-à-dire pas souvent et quand il était en peine d'argent, pas quand elle en avait besoin, ELLE.

Des jours, des semaines passées seule, les volets fermés, avec pour seule compagnie la télé qui hurle, sauf quand il s'agissait de lui faire signer de nouveaux chèques.

De son rutilant SUV alors que le frigo était vide et qu'Olga avait FAIM, une faim qui la marque encore aujourd'hui !

Je hausse la voix et Henri regarde droit devant lui, les mâchoires serrées, chacun de mes reproches paraissant sonner pour lui comme un outrage.

Je détaille les éléments constitutifs de l'infraction, je contredis les arguments d'Henri et je réclame une peine de sursis avec mise à l'épreuve avec obligation d'indemniser la victime, pour qu'Olga puisse faire venir le coiffeur tant qu'elle peut encore en avoir envie et manger trop de ces chocolats qu'elle aime tant, qu'elle s'achètera elle-même, puisque son « bon fils » ne vient plus jamais la voir maintenant qu'il n'y a plus de procuration à signer ni d'argent sur les comptes…

Henri est indigné, il a entendu « emprisonnement ». Prison ? Lui, en prison ? Et devoir tout rembourser ? Il se retourne, l'air paniqué, vers son conseil, dont c'est le tour de prendre la parole.

Oh, il va faire ce qu'il peut, plaider l'égarement, le déni de l'état dans lequel se trouvait sa mère, qu'Henri n'a jamais pu imaginer être atteinte de démence ou ne plus être en pleine capacité de ses moyens. Peut-on vraiment admettre que ses parents, que sa mère, la seule famille qui lui reste, s'éteigne peu à peu ?

L'argumentaire tombe à plat, car le tribunal ne peut retenir qu'une chose, c'est l'absence de tout mot d'Henri pour sa mère, qu'il n'a d'ailleurs appelé qu'« elle » pendant toute l'audience : pas « maman », pas « ma mère », pas même un prénom, juste « elle »… Ce silence-là résonne de manière assourdissante dans la salle d'audience et la plaidoirie de la défense peine à le faire oublier.

Après le délibéré, quand Henri se voit annoncer la peine de dix mois d'emprisonnement assortis d'un sursis avec mise à l'épreuve, sa principale obligation étant de rembourser les fonds détournés (verdict conforme à mes réquisitions), il se raidit, jette un dernier regard furibond au tribunal, à l'avocat du tuteur d'Olga, et s'en va.

LES AMOURS DE NADÈGE

Un samedi de permanence comme on les aime, c'est l'été, et l'air du matin a cette fraîcheur qu'on apprécie avant la chaleur de plomb de l'après-midi… Je fredonne en me rendant au commissariat pour le traditionnel débrief-viennoiseries du week-end. Soudain, alors que je vais pousser la porte dérobée réservée aux professionnels, je la vois sortir au niveau de l'accueil et je m'arrête net.

Elle a un poignet bandé, le bras immobilisé contre son buste et sa démarche est hésitante. Elle porte un débardeur et, sans exagérer, tout ce qui est visible de son corps est quasiment recouvert de meurtrissures, d'ecchymoses, de blessures… Sa lèvre est fendue et sa bouche gonflée, son nez est enflé, elle a un œil au beurre noir et à demi fermé… Les épaules basses, le regard dans le vague, elle ne répond pas au petit bonjour que je lance à son passage.

L'air joyeux que je chantonnais reste coincé dans ma gorge tandis que je rejoins l'officier de police judiciaire de permanence.

Il m'explique en me servant le café :
« Violences conjugales, le suspect est en garde à vue, il est en cours de dégrisement. »
Je connais la victime, Nadège, une quadragénaire sous curatelle, mais dans son état je ne l'ai tout simplement pas reconnue. Je l'ai déjà poursuivie devant le tribunal correctionnel pour des vols et des

violences, infractions commises dans le milieu un peu marginal de la rue qu'elle fréquente.

Elle a un logement dont l'organisme en charge de sa protection veille à payer le loyer : cet appartement, c'est la seule chose qui différencie Nadège des compagnons d'infortune avec qui elle passe ses journées copieusement arrosées de mauvaise bière, qu'elle ingurgite par litres, jour et nuit.

L'alcool dont Nadège s'abrutit n'a rien de festif, il assomme, il anesthésie les sentiments et émotions, il vous sèche sur place. Déjà bien mal armée pour affronter la vie, elle noie ses dernières chances dans ce breuvage amer, consciencieusement, tous les jours.

Cette nuit, le commissariat a été appelé par une voisine, affolée par les hurlements de femme qui retentissaient dans sa résidence, ceux de Nadège qui, le temps que l'équipage de police arrive sur place, avait réussi à fuir son appartement, manifestement pas assez vite… Elle se trouvait au sol dans la rue, son agresseur la frappant à grands coups de pied. L'interpellation a été pour le moins musclée, le suspect refusant de cesser de s'en prendre à la victime et se trouvant dans un état de fureur le rendant difficilement maîtrisable : non sans mal, l'équipage de police secours a réussi à le ramener au commissariat tandis que Nadège était prise en charge par les secours et transportée aux urgences, bien mal en point.

L'hôpital a appelé les policiers ce matin pour leur indiquer que Nadège allait sortir de manière imminente : immédiatement, un équipage est allé la chercher pour la ramener à l'hôtel de police et prendre son audition, sa plainte si elle le souhaitait.

Nadège raconte son histoire d'amour avec Yohan, trente-sept ans, qu'elle héberge depuis quelques mois. Il est « comme elle » : en galère, sans famille, sans ancrage, sans avenir… Ils se sont cramponnés l'un à l'autre et elle a cru avoir trouvé le bon, celui qui prendrait soin d'elle et serait gentil, juste gentil. Elle lui a fourni le gîte, et de quoi s'abreuver.

Oh, avant hier soir, il y avait déjà eu des violences mais rien de comparable, rien de très grave, ajoute-t-elle. Elle décrit pourtant avoir déjà reçu des gifles, des coups de pied, avoir dû dormir sur le palier un soir où il ne voulait pas la laisser rentrer chez eux – chez elle…

Nadège a déjà eu des compagnons ayant levé la main sur elle : elle a deux enfants, issus de deux relations aussi violentes qu'alcoolisées… Elle n'avait à l'époque pas réussi à s'en extraire et ils ont été placés. Elle les voit de loin en loin en milieu médiatisé, quand elle est en état de s'y rendre, quand elle y pense…

Nadège assure que c'était « beaucoup moins pire » avec Yohan que tout ce qu'elle avait pu connaître en matière de relations sentimentales avant… Jusqu'à cette nuit.

Elle raconte qu'elle ne se rappelle même plus pourquoi il s'est énervé : y avait-il seulement une raison ? Un mot de travers peut-être, une dispute sans réel motif, tout est flou dans sa tête. D'un coup, il s'est mis à la battre « comme on frappe un homme », elle se souvient de s'être dit qu'elle allait mourir. Elle a réussi à sortir de leur petit logement, mais il l'a suivie dans la rue et a continué à cogner, elle a cru que cela ne s'arrêterait jamais.

Elle dépose plainte et elle ne veut plus le voir.

Mon café fini, je vais au tribunal consulter le casier judiciaire de Yohan, une longue liste de condamnations pour violences, non-paiement de pension alimentaire, vols, usages de stupéfiants…

L'enquêteur a pris un rendez-vous à l'Unité médico-judiciaire pour Nadège et me fait part des conclusions du médecin légiste dans l'après-midi : quarante jours d'ITT[19]. Outre les nombreuses ecchymoses et dermabrasions relevées sur presque tout le corps de la victime, elle a le nez et un poignet cassés.

Yohan a fini par dégriser et reconnaît selon ses propres termes avoir « pété un boulard » sur sa compagne. Il se souvient de l'avoir frappée, mais ne sait plus pour quelle raison ni même s'il y en avait une. Il minimise le nombre et la force des coups et souligne que Nadège « marque très vite » et a « l'habitude de pleurnicher ». Il reconnaît lui avoir mis des gifles ou des coups de poing et de pied dans le passé, pas souvent, « deux ou trois fois ». Le policier cherche à lui faire préciser la fréquence des violences, cela n'a pas l'air très clair :

« Deux ou trois fois en tout ?

– Nan, deux ou trois fois par semaine. »

En fin de journée, je prolonge la garde à vue de Yohan pour que le service d'enquête puisse procéder à quelques auditions dans l'entourage du couple, des copains de galère qui confirment que Yohan a l'alcool mauvais et la main leste et qu'ils voient fréquemment Nadège avec des coquards.

Dans l'après-midi du dimanche, Yohan m'est présenté et le juge des libertés et de la détention l'incarcère dans l'attente de l'audience qui interviendra le lendemain.

Lundi, comparution immédiate.

Nadège est là avec son curateur : elle est encore plus marquée que le samedi. Lorsque le président l'interroge avec des mots simples, car elle semble en difficulté pour suivre les débats, elle n'est plus si claire

19. Incapacité totale de travail, instrument de mesure par la médecine légale de la gravité des atteintes à l'intégrité physique ou mentale ; l'ITT fixe la durée durant laquelle une victime ne peut mener une vie normale du fait de cette atteinte à son intégrité.

sur sa volonté de ne plus revoir Yohan. Elle maintient toutefois son récit quant à la nuit de vendredi à samedi et la peur qu'elle a ressentie. Elle espère qu'il peut changer.

Le curateur explique que gérer le budget de Nadège est assez simple en fait, mais qu'il est beaucoup plus compliqué de la préserver d'elle-même et de ses compagnons successifs : il ne peut pas être sans arrêt derrière elle à la surveiller, vérifier qu'elle ne ramène pas n'importe qui à l'appartement. Il indique avoir déjà accompagné sa protégée au tribunal, comme prévenue quelquefois, comme victime souvent.

Yohan s'excuse, ça sonne un peu faux, mais en vieux routard du tribunal correctionnel, il sait que c'est ce qu'on attend de lui, alors il se plie bien volontiers à l'exercice. Prématurément vieilli, très marqué par l'alcool, les stupéfiants, la rue, le prévenu n'a aucun projet et nulle part où aller, et un avocat de permanence qui fait ce qu'il peut mais avec une force de persuasion, malgré ses efforts, à la hauteur des perspectives qu'offre le dossier.

Son client ne réagit pas lorsque le tribunal correctionnel, après un court délibéré, le condamne à une lourde peine d'emprisonnement pour violences habituelles sur conjoint, avec une petite partie assortie d'un sursis avec mise à l'épreuve, en lui imposant de se soigner à sa sortie de prison pour en finir avec l'addiction… Je n'avais pas requis cette obligation, déjà tentée à plusieurs reprises dans le parcours pénal de Yohan et manifestement en vain, mais le tribunal a voulu essayer, encore… Peut-être que cette fois ça peut marcher, ça va marcher, qui sait ?

Le prévenu ne forme pas appel de cette décision, et moi non plus car après tout le tribunal a presque intégralement suivi mes réquisitions et a, conformément à ma demande, interdit à Yohan de chercher à entrer en contact avec Nadège.

Quelque temps plus tard, je marche en centre-ville après une journée de travail, sans doute suis-je encore en train de chantonner…

Je croise Nadège ; cette fois je la reconnais aussitôt, les marques sur son visage se sont presque entièrement estompées. J'esquisse un sourire pour la saluer, mais elle ne me reconnaît pas, et je me fige.

Dans sa main droite toujours bandée, elle tient une bière, ce dont je ne suis pas surprise. À son bras gauche, un jeune homme, que j'ai déjà poursuivi et fait condamner plusieurs fois pour violences. Tous deux sont hilares et l'image serait presque charmante si leurs regards n'étaient pas déjà rendus vitreux et leur démarche titubante par l'alcool…

À bientôt Nadège. À bientôt.

Je ne chantonne plus du tout en rentrant chez moi.

IVRE MORT

Nicolas avait mon âge, exactement. Je l'ai connu au tout début de ma carrière : je venais d'être nommée substitut du procureur, et un jour il a fait irruption à une audience correctionnelle où je prenais parmi mes premières réquisitions.

C'est en regardant le dossier que je m'étais aperçue que nous étions nés la même année : en le voyant, je l'aurais pensé plus âgé. Nicolas avait déjà sombré dans l'alcool depuis bien longtemps à cette époque-là, et cette addiction l'avait prématurément vieilli. On discernait pourtant dans ses traits et son regard qu'il avait été beau avant que l'alcool le prenne, et malgré les brumes éthyliques qui l'entouraient en permanence, son mental restait relativement éveillé ; mais quiconque observait Nicolas quelques instants ne pouvait que réaliser que tout son être était en train de se dissoudre dans la mauvaise bière. De cette beauté ne restaient que deux yeux bleus vifs, souvent perdus dans le vague, et de son esprit affûté que des monologues souvent hésitants…

Nicolas avait été adopté très jeune après une petite enfance chaotique, mais il n'avait jamais trouvé sa place au sein de sa nouvelle famille et, très tôt, il avait rencontré des difficultés à l'école, des problèmes relationnels… Ses parents ne l'avaient jamais véritablement abandonné, mais il était parti, vite, et s'était mis en couple. Il avait eu une petite fille avec sa compagne et ils étaient amoureux, tout pour créer un cocon dans lequel il se sentirait bien…

Mais à l'époque, Nicolas avait déjà certains démons qui ne se lassaient pas de murmurer à son oreille et, pour les faire taire, il avait – croyait-il – trouvé un moyen radical, l'alcool, qui désinhibe, qui rend joyeux. Mais l'amour aussi, ça se dissout dans la mauvaise bière… Elle était donc partie très loin avec la petite, comme pour ne pas assister à son naufrage, et il s'était retrouvé seul en tête à tête avec lui-même et son addiction, dans laquelle il s'était enfoncé.

Nicolas avait perdu le goût, l'envie d'avoir un avenir, et tout contrôle de lui-même… il avait commencé à commettre des infractions. Des vols pour améliorer l'ordinaire, et des violences, parce qu'au fond, même très alcoolisé, les démons ne se taisaient pas tout à fait. Nicolas traînait dehors, outrageait, cassait et se battait, toujours à deux ou trois grammes d'alcool dans le sang. Il commençait toujours ses gardes à vue par une longue phase de dégrisement et à l'issue, la plupart du temps, il ne se souvenait pas tellement de ce qui s'était passé mais était prêt à reconnaître ses erreurs et à s'excuser de ce qu'il avait fait.

Au fil des ans, son casier judiciaire s'était considérablement étoffé, et lorsqu'il avait semblé à la justice avoir tout essayé en vain pour que Nicolas guérisse de lui-même et cesse de commettre des délits, il avait connu la prison. Ça ne l'avait rendu ni meilleur ni pire, et il en était ressorti exactement semblable…

Très vite, il s'était de nouveau employé à se détruire à petit feu, et très vite il était donc revenu devant le tribunal correctionnel. Il arrivait sans avocat et il passait donc toujours parmi les derniers. Il venait avec un grand sac rempli de cannettes de bière, en général confisquées par la sécurité… Mais Nicolas avait fait les niveaux avant de venir, et au moment de s'expliquer devant ses juges, il était passablement ivre. On feignait tous de ne pas s'en rendre compte tant qu'il était possible de lui parler et de recevoir des réponses à peu près ordonnées… Qu'aurions nous fait sinon ? Renvoyer l'examen de son affaire à un autre jour, où il n'aurait pas bu ? Mais quand ?

Alors Nicolas faisait le spectacle, parfois il mimait les faits qui lui étaient reprochés, la barre du tribunal lui servant à ne pas tomber plus qu'à se donner une contenance, et il nous balançait en plein visage sa détresse, sa colère, sa lassitude et quelques outrages pour faire bonne mesure. Sauf à ce qu'il dépasse les bornes, le juge se contentait de hausser un sourcil et la voix, et Nicolas s'esclaffait et s'excusait… Il reconnaissait les faits et avait dépassé le stade des belles promesses jetées à la volée au tribunal pour lui faire plaisir. Dans sa torpeur, il était lucide : il savait ce vers quoi il allait.

La première fois que j'ai requis contre Nicolas, il a été condamné, évidemment. J'ai essayé de proposer au tribunal une peine qui me paraissait adaptée, ou en tout cas la moins inadaptée possible, sachant que toutes les peines mentionnées dans le code pénal avaient déjà été tentées… Il s'agissait d'un vol, de faible gravité et commis en récidive, ce qui expliquait la présence de Nicolas devant le tribunal.

Cette fois-là comme de nombreuses autres, Nicolas a été condamné à une petite peine d'emprisonnement. Plus tard, le juge d'application des peines pourrait aménager cette peine si Nicolas était dans une période « avec » où il parvenait à se lever et à mener une vie presque normale, en lui faisant effectuer un travail d'intérêt général par exemple : il en avait déjà réalisé plusieurs, sa conseillère d'insertion et de probation se montrant particulièrement soutenante avec lui et le traînant à bout de bras.

Nicolas avait un logement, mais restait quand même beaucoup dehors avec sa chienne, qui était toute sa vie. C'était d'ailleurs son premier motif d'inquiétude, le devenir de cette chienne, lorsque se profilaient le risque d'une incarcération ou la possibilité d'une cure de désintoxication, car bien sûr il en avait déjà essayé plusieurs, plus qu'il ne pouvait compter, toujours en vain…

Quand je sortais me promener en centre-ville à la pause méridienne ou faire quelques courses, je croisais souvent Nicolas, assis au sol, sa chienne à ses côtés, sa maudite cannette posée juste là où il n'avait qu'à tendre le bras pour la prendre. Il se levait en chancelant, il me tirait par la manche pour que je reste quelques instants l'écouter me raconter sa vie, l'haleine chargée d'alcool, la voix étranglée pour me parler de ses parents, de son ex qui le privait de son enfant et de tous ceux qui l'avaient abandonné… Je me souviens de l'une de ces discussions à l'issue de laquelle, au bout de vingt minutes, j'avais dû m'éclipser car l'heure de mon audience de l'après-midi approchait, Nicolas ayant alors, très fort et au milieu de la rue, braillé « Madame le Procureur, vous êtes formidaaaable !! », faisant se retourner quelques passants, surpris puis hilares…

On espérait tous un déclic. Les juges qui l'avaient condamné les uns après les autres, son JAP[20], sa conseillère d'insertion, et peu ou prou tous les parquetiers de mon équipe… On espérait tous qu'il ouvre les yeux et ait envie d'autre chose, de quelque chose.

Ce déclic n'est jamais arrivé.

Une collègue m'a indiqué l'avoir vu lors d'une audience devant le juge d'application des peines : Nicolas avait alors annoncé avoir contracté une infection qui menaçait de lui faire perdre son pied. D'après son médecin, la tournure que prenait la maladie était directement en lien avec sa consommation immodérée d'alcool… Mais malgré tout, je le croisais toujours au même endroit, assis sur un trottoir, avec sa chienne, et bien sûr sa cannette…

J'étais en vacances lorsqu'un jour brûlant d'été, Nicolas est tombé dans l'escalier qui menait à son petit appartement. Il s'est cogné la tête et ne s'est pas relevé. Il s'est vidé de son sang, là, jusqu'à ce qu'un voisin le trouve et alerte les secours. Par acquit de conscience, on a

20. Juge d'application des peines, magistrat en charge de la phase post-sentencielle, c'est-à-dire postérieure à la condamnation par une juridiction pénale.

réalisé une autopsie, car après tout, ce choc à la tête et la tendance à la bagarre du défunt… Le médecin légiste n'a rien trouvé en faveur de l'intervention d'un tiers. Nicolas est mort comme il avait vécu, plein d'un alcool qui n'avait depuis longtemps plus rien de festif.

J'ai appris sa mort à mon retour de congés. J'en ai éprouvé une vraie tristesse, un sentiment de gâchis… J'ai su qu'à son enterrement étaient venus ses parents, son ex-compagne et leur fille, ainsi que sa conseillère d'insertion et de probation…

Mort plus entouré qu'il ne s'était senti lorsqu'il était vivant, sans aucun doute.

LE CERCLE VICIEUX D'EWAN

De permanence un matin, je dois me faire présenter Ewan, et je suis de mauvaise humeur.

Je le connais depuis longtemps, bien trop longtemps en fait, et le voir ici, encore, ça me met les nerfs en pelote. Je ne sais que trop bien quel est son parcours, vingt ans à peine, un frère aîné incarcéré, un beau-père pareil, un père aux abonnés absents et une mère dépassée depuis bien des années. Ewan a commencé à commettre des infractions vers ses treize ans, des infractions de faible gravité d'abord, des infractions routières, des petits vols... Son fait d'armes le plus glorieux ? Vers ses quinze ans, il a dérobé un tracteur pour aller voir son amoureuse de l'époque...

Les services sociaux s'intéressent rapidement à ce gamin perpétuellement en fugue, qui très tôt n'a plus mis un pied à l'école. Sa mère se disant elle-même incapable de lui poser un cadre, il écume les foyers du ressort, qu'il épuise les uns après les autres, continuant à cumuler les délits et les passages devant le juge.

Il se met en danger, il traîne dehors la nuit, il tombe dans le cannabis qu'il consomme massivement, contracte des dettes pour financer cette addiction et, pour rembourser, il vole, de plus en plus souvent.

Le juge des enfants ordonne une mesure judiciaire d'investigation éducative, pour comprendre le fonctionnement de la famille d'Ewan et peut-être pouvoir l'aider de manière plus efficace : si on identifie des carences éducatives très précoces et un rapport à la loi complètement défaillant dans la sphère familiale, les tentatives pour venir en aide à l'adolescent se soldent toutes, successivement, par des échecs, tant rien ne semble avoir de prise sur lui.

Le juge ordonne aussi une expertise psychiatrique du jeune garçon : à part certaines limites cognitives qu'on pressentait déjà, le médecin ne relève aucun trouble mental mais une intolérance à la frustration, un raisonnement à court terme, une impulsivité qui le pousse à agir avant de réfléchir, des traits communs à beaucoup d'habitués des tribunaux, mineurs mais pas seulement.

Ewan use ses survêtements de marque sur les bancs du tribunal pour enfants, il accumule les audiences, les condamnations. Au bout de deux ans, il a bénéficié de toutes les mesures possibles, s'est vu infliger presque toutes les sanctions envisageables… Je perds patience avant son juge. Je comprends ses difficultés, je veux même bien compatir : je pense surtout au nombre de ses victimes, qui va croissant, à toute l'énergie déployée pour l'aider sans qu'il s'en saisisse, retombant inlassablement dans un cercle vicieux dont rien ne paraît pouvoir le faire sortir… Je sature de recevoir les appels des diverses structures chargées de le prendre en charge et qui, les unes après les autres, de guerre lasse, après une énième confrontation, une énième bousculade plus ou moins grave, un énième vol, abandonnent. À chaque fois il est déféré devant moi, et son juge met un terme au placement, parce que les foyers n'ont pas à lui servir de défouloir, parce qu'il n'y a pas que lui qui y traîne des casseroles et doit se bagarrer avec la vie… Alors devant moi, devant son juge, Ewan promet, Ewan s'engage, il a compris. Il nous fixe de ses grands yeux bleus de môme, il nous fait un sourire rassurant… Très longtemps, il parvient à sauver la mise, son juge restant convaincu un peu plus longtemps que moi de sa capacité à se reprendre en main, je ne lui en fais pas le reproche car je comprends tellement bien qu'on ait envie de le croire…

J'ai toutefois intégré depuis un moment qu'il faudrait en passer par l'incarcération et quand Ewan part en prison la première fois, c'est en pleurant. Il y reste dix jours. Dix jours qui lui paraissent interminables et insupportables, lui qui se sent déjà oppressé dans un foyer. Il le jure : maintenant, il a compris… Il quitte la détention pour un nouvel essai au domicile familial, qui se solde par un nouveau clash : ses relations avec sa mère se tendent très rapidement, Ewan est grand à présent et il s'énerve vite. Nouveau foyer, ça tient, ça craque, on recommence…

Quand je suis mutée à l'instruction, Ewan va mal, aucun des leviers actionnés par son juge des enfants et la protection judiciaire de la jeunesse n'est parvenu à le stabiliser et à mettre un frein à sa délinquance. Il a de nouveau connu la prison, sans que la privation de liberté ne lui fasse l'effet d'un électrochoc.

Quelques années après, me voilà de retour au parquet, tout près du ressort où sévissait Ewan, qui est maintenant majeur, et toujours détenu. Il finit sur l'une de mes permanences par ne pas réintégrer la maison d'arrêt à l'issue d'une permission de sortir d'une journée et demie accordée par le juge d'application des peines pour préparer sa fin de peine, toute proche… Au lieu de se rendre aux rendez-vous programmés pour aider à sa réinsertion, Ewan s'est rendu chez sa compagne et, dans une version low cost de *Bonnie and Clyde*, ils ont volé un véhicule, s'en sont un peu servis et l'ont revendu en falsifiant les papiers de cession. Au bout de quelques jours d'une cavale pathétique faite de menus larcins et de squatt à droite à gauche, évidemment Ewan s'est fait interpeller.

Et le voilà, devant moi. Une évasion, une escroquerie, une poignée de vols… Il lui restait moins de trois semaines à purger. J'enrage, je le revois si petit : il a toujours ses immenses yeux bleus qui lui dévorent la moitié du visage, son grand sourire, il semble presque content de me reconnaître, un repère sans doute, pour un peu il me demanderait de mes nouvelles.

Pour ma part, j'ai l'impression de revenir en arrière et le sentiment d'un immobilisme à pleurer. Je jette un œil à son casier judiciaire et notre échec est là sous mes yeux, tous les placements, tous les suivis, tous les efforts, pour rien. Je suis énervée et je lui crie presque comme tout ça c'est du gâchis, il allait sortir, à quoi ça rime ces allers-retours dedans-dehors, c'est pas une vie, mais ça restera la sienne tant qu'il ne fera pas d'autres choix. Son avocate, restée la même depuis toutes ces années, opine du chef, je sais bien qu'elle lui tient le même discours. Ewan n'a pas changé… Ses belles promesses non plus, bien sûr qu'il a déconné, c'est n'importe quoi, le voilà revenu à la case départ, juste avant sa sortie en plus, il a compris cette fois. Le jeune homme me dit ce que j'ai envie d'entendre, et je le lui dis, on a trop de fois dansé cette valse, non ? Je l'engueule, il me rassure sur mon utilité en affirmant que c'était la der des ders, je fais semblant de le croire et on continue… Ewan sourit et hausse les épaules.

Ce jour-là il est condamné, une fois encore, quelques mois de plus derrière les barreaux, quelques mois qui ne serviront à rien, tout comme les tentatives de suivi en milieu ouvert, hors de la prison, n'ont servi à rien. Bien sûr, il promet à ses juges qu'on ne l'y prendra plus, appuyé à cette barre où je l'ai vu accoudé si souvent à essayer d'enjôler le tribunal… Mais la correctionnelle n'est décidément pas le tribunal pour enfants. Ewan repart menotté après un dernier sourire. Ce n'est plus quelques semaines qu'il lui reste à purger, mais dix-huit mois : il est abattu mais si peu, cette scène aussi, il l'a déjà jouée tant de fois… D'ailleurs, c'est presque lui qui console son avocate, « ça va aller ».

De longs mois plus tard, je suis de permanence une nouvelle fois lorsque je reçois un mail du procureur de fort lointain qui me remercie par avance de transmettre au juge d'application des peines de mon ressort une demande de rapport en vue de la comparution immédiate du lendemain : il va y faire juger Ewan, actuellement en garde à vue pour des faits d'extorsion aggravée commis quelques jours après sa sortie de détention.

POUR DEUX CENTS EUROS

Il est tôt ce matin-là quand le téléphone de permanence résonne dans ma salle de bains et je lâche un retentissant juron, il m'a fait sursauter et je me suis enfoncé le mascara dans l'œil. Je décroche et reconnais la voix d'un policier qui m'informe qu'un vol à main armé vient d'être commis dans une boulangerie, non loin de chez moi. Le gérant et son épouse étaient présents, il a subi des violences, elle n'a reçu aucun coup, mais est très choquée. Aucun indice en l'état sur les suspects.

Mon ressort a subi une recrudescence de faits de vols aggravés, notamment avec arme au préjudice des commerces de proximité ces derniers mois : j'annonce au policier que je dessaisis le commissariat et que la police judiciaire va être chargée de l'enquête. Je raccroche et fais défiler mon répertoire jusqu'à « PJ perm » et j'explique à l'enquêteur les quelques éléments en ma possession, je lui communique l'adresse où ont eu lieu les faits et je retourne à mon œil gauche pour réparer les dégâts.

Dans la matinée, la police judiciaire me rappelle : elle a le signalement du malfaiteur, très grand, costaud, la peau sombre, jeune… C'est curieux, ce signalement me rappelle qu'il y a peut-être deux semaines j'ai croisé l'un de mes anciens mineurs connus du tribunal pour enfants, David, dans mon quartier. Je me suis dit qu'il devait habiter dans le coin. Or la boulangerie victime est à trois cents mètres de chez moi à vol d'oiseau et David est d'une impressionnante stature, il a maintenant la bonne vingtaine et la peau foncée.

Je le glisse à l'enquêteur, pour vérification, on ne sait jamais…

L'auteur des faits s'est introduit vers 7h30 dans la boulangerie, qui ouvre tôt pour fournir en viennoiseries les travailleurs du matin. Il n'y avait aucun client et il a brandi une arme de poing en aboyant « la caisse, vite !! » à la cogérante qui tenait alors la caisse. Elle s'est mise à crier : son mari, qui travaillait au fournil, est sorti de l'arrière-boutique. Dans la précipitation et un peu inconscient, il s'est vivement dirigé vers le malfaiteur qui lui a porté un coup au visage avec sa main armée. Le boulanger a fait quelques pas en arrière et son épouse a vite mis dans un sac tout ce que contenait le fond de caisse – évidemment dérisoire aussi tôt dans la matinée, deux cents euros à peine – et l'a tendu au voleur, qui s'en est saisi et a très vite quitté les lieux.

Le boulanger s'en sort avec une arcade sourcilière amochée, deux jours d'ITT ; son épouse est marquée psychologiquement, 5 jours d'ITT.

L'enquête avance vite : la boulangerie est équipée de caméras et l'exploitation de la vidéo de surveillance fournit à la police judiciaire une assez bonne image du voleur. Les enquêteurs recherchent dans leurs fichiers et, bingo, il s'agit bien de David.

Une planche photographique de plusieurs individus présentant un physique comparable est constituée et présentée au couple de commerçants, les deux victimes reconnaissent notre homme, dont l'adresse est rapidement localisée.

L'interpellation est programmée pour le jour suivant : David habite dans de hautes tours d'immeuble où le climat est parfois tendu avec les forces de l'ordre, il est d'après nos informations armé… La police judiciaire veut prendre toutes les précautions utiles, ils vont intervenir en nombre.

Le lendemain matin, 6h. La porte du domicile de David cède sous le coup de bélier de la Brigade de recherche et d'intervention (BRI) qui accompagne la PJ pour l'interpellation.

David est au lit et n'oppose aucune résistance. Il se voit notifier son placement en garde à vue du chef d'extorsion avec arme. Sa mère le regarde avec colère : ce n'est pas la première fois que sa porte vole en éclats au petit matin et que des policiers rentrent chez elle pour sortir son aîné du lit, terrifiant au passage le reste de la fratrie.

La perquisition démarre : dans le placard de David, entre les survêtements de marque, les enquêteurs trouvent un sac contenant quelques billets et un peu de monnaie, une arme de poing factice et dans les affaires du jeune homme, le pantalon et la veste qu'on le voit porter sur la vidéo. L'ensemble est saisi.

En sortant de son immeuble, David essaie de s'enfuir, en vain : il tente bien de se débattre, mais les policiers le maintiennent avec fermeté et l'embarquent dans le véhicule de service pour le ramener dans leurs locaux.

La garde à vue est tendue, David sait ce qu'il risque s'il est condamné : son casier judiciaire est déjà bien garni et il n'a aucune intention de coopérer. Il se montre provocant au cours des auditions, flirtant avec les limites de l'outrage et se cantonnant à la même version, il n'est pas sorti de chez lui hier matin, sa mère peut en témoigner.

Sa mère ne témoigne de rien du tout : à cette heure-là hier, elle était au travail. Elle fait des ménages pour différentes entreprises et certains de ses employeurs la font venir très tôt, notamment celui dans les locaux duquel elle se trouvait hier. Elle ne peut pas dire si son fils était à la maison, et bien sûr, hors de question de mentir. Elle est visiblement très fâchée et demande aux policiers de voir avec sa fille aînée : Louisa a presque dix-huit ans et c'est elle qui veille sur les plus jeunes de la fratrie quand la mère de famille doit aller au travail, elle les a donc réveillés et préparés.

Louisa le confirme, elle a réveillé ses petits frères et sœurs hier, leur a fait prendre le petit déjeuner… Ils allaient quitter l'appartement en file indienne pour partir à l'école et au collège/lycée quand ils ont croisé David, qui rentrait d'elle ne sait où. Quelle heure ? Elle réfléchit un peu… « Huit heures, huit heures et quart à peu près. »

En audition, David ne lâche rien, sa mère et sa sœur confondent, il maintient, il n'y est pour rien. Mais la vidéo ? Il ne s'y reconnaît pas. L'arme, la menue monnaie, les victimes qui le reconnaissent ?.. Coïncidences, erreur…

Le directeur d'enquête m'appelle, il n'en tirera rien de plus…

Au vu des éléments de preuve recueillis qui me paraissent suffisants pour caractériser l'infraction, je décide de poursuivre David. Les faits d'extorsion avec arme sont de nature criminelle et, selon le Code pénal, font encourir trente années de réclusion au suspect, mais je sais bien qu'ouvrir une information judiciaire n'apportera pas une grande plus-value à ces faits déjà largement élucidés ; je ne vois pas non plus ce que changera un procès devant la cour d'assises qui aura lieu au mieux dans deux ans au vu de l'encombrement de cette juridiction et des cabinets d'instruction.

Je décide donc de correctionnaliser[21] les faits et de les requalifier en extorsion accompagnée de violences, faits pour lesquelles David, qui se trouve en état de récidive légale, encourt devant le tribunal correctionnel vingt années d'emprisonnement.

21. Correctionnalisation : procédé consistant à ignorer l'un des éléments constitutifs d'une infraction criminelle afin de rendre les faits commis passibles du tribunal correctionnel. Manière artificielle et purement juridique de transformer un crime en délit, nécessitant l'accord de la victime.

Pour que le tribunal soit parfaitement éclairé quant à la personnalité du prévenu, je demande aux enquêteurs de le faire examiner par un expert psychiatre sur le temps de la garde à vue. Ils en obtiennent rapidement les conclusions : pas de trouble psychique, difficultés d'intégration de la loi, troubles de la personnalité de type anti-social.

David est déféré le lendemain, en fin de matinée. Il est plus calme, presque résigné : il connaît la procédure et il sait que son passage devant moi est dépourvu d'enjeux.

L'après-midi même, devant le tribunal correctionnel statuant selon la procédure de comparution immédiate, ses amis sont venus en nombre pour le soutenir. Bruyamment avachis sur les bancs de la salle d'audience, on sent que leur présence rebooste David qui se donne en spectacle, s'essaie lorsque le tribunal l'interroge à quelques reparties que ses pairs et lui estiment manifestement du meilleur goût.

Le boulanger est venu seul, son épouse est encore trop choquée pour oser faire le déplacement et revoir son agresseur, il a toujours son pansement au-dessus de l'œil, ourlé de violet, et il répète ce qu'il a déjà dit au commissariat lorsqu'on lui a présenté les planches photographiques, il est sûr que c'est bien David qui est entré dans son commerce de bon matin, arme à la main. Il tente d'assurer sa voix, mais on le sent inquiet du regard du prévenu sur lui et des éclats de voix désapprobateurs dans la salle.

Le mis en cause persiste dans ses dénégations, il interpelle la victime et s'esclaffe bruyamment lorsqu'elle fait valoir ses demandes indemnitaires. Le président du tribunal le rappelle sévèrement à l'ordre, mais David le défie du regard, provoque, cherche l'incident.

Mon tour venu, mes réquisitions semblent énormément l'amuser jusqu'à ce que je réclame à son encontre cinq années d'emprisonnement avec mandat de dépôt, c'est-à-dire avec incarcération immédiate s'agissant de faits commis en récidive multiple, avec une grande violence et en adoptant un positionnement a posteriori qui me conforte dans l'idée que David est parfaitement indifférent au sort d'autrui et au mal qu'il peut faire, juste pour une poignée de menue monnaie. Ses yeux étincellent de rage et l'escorte lui enjoint de rester assis.

L'avocat commis d'office dans le cadre de la permanence pour assurer la défense de David fait de son mieux et souligne son très jeune âge, estime que mes réquisitions sont disproportionnées et demande au tribunal de ne pas aggraver la situation du prévenu et de réduire le quantum de la peine requise. Il rappelle que des peines d'incarcération ont déjà été prononcées à l'encontre de son client, et qu'elles n'ont manifestement pas permis de l'éloigner de la délinquance, bien au contraire.

Après un court délibéré David est condamné à quatre années d'emprisonnement avec mandat de dépôt : il part immédiatement en détention. Pendant que l'escorte lui passe les menottes, il sourit à ses amis qui lui adressent des messages de soutien, tandis que la victime en profite pour sortir discrètement de la salle d'audience.

LA TROP LONGUE NUIT D'AXEL

Je me suis levée très tôt ce matin, avec l'espoir qu'en me rendant à la salle de sport avant d'aller au travail, mon cours de RPM[22] de 7h pourrait se dérouler sans que la sonnerie du téléphone de permanence vienne le perturber. Je m'escrime depuis à peine une demi-heure quand le portable d'astreinte, installé devant moi bien en évidence, se met à vibrer et clignoter : je descends donc en toute hâte de mon vélo et file à l'autre bout de la salle, loin de la musique puissante saturée de basses du cours. Je jette un œil au numéro qui s'affiche – la maison d'arrêt, à 7h30 ? Mauvais signe – et je décroche, essoufflée :

« Sir à l'appareil.

– Madame le Procureur ? C'est la maison d'arrêt. On a un décès. Suicide. »

Je fronce les sourcils, pas besoin d'en savoir plus :

« J'arrive. »

Terminé le cours, je récupère en toute hâte mes affaires éparpillées au pied de mon vélo avant de filer à la douche. Je me dépêche, on fait l'impasse sur le maquillage ; quand je relève mes cheveux, ils sont encore trempés, je quitte la salle très rapidement.

Tout décès dans un lieu de privation de liberté – établissement pénitentiaire, centre de rétention, hôpital psychiatrique… – donne lieu à un déplacement sur site du magistrat du parquet de permanence.

22. Cours de vélo à haute intensité en intérieur.

Je me dépêche donc et, environ trente-cinq minutes après l'appel m'ayant prévenue, je suis au pied des grands murs gris qui entourent la maison d'arrêt de ma ville. Je sonne à la grande porte et brandis ma carte professionnelle devant le visiophone :

« Sir, vice-procureur, bonjour !

– On vous ouvre. »

Je tire la lourde porte de métal et je patiente dans le sas en attendant qu'elle se referme avant que la suivante soit déverrouillée, je traverse la cour jusqu'à l'accueil, y présente de nouveau ma carte et peux entrer dans le bâtiment. Je passe sous le portique de sécurité, ça sonne, j'enlève ma ceinture, ça sonne toujours, j'enlève mes chaussures, pose le tout avec mon sac à main dans le bac sur le tapis pour vérification et je repasse le portique en chaussettes.

Tandis que je me rechausse, un surveillant m'attend afin de me guider jusqu'à la cellule concernée. On passe une première grille, on attend qu'elle se referme, on patiente, puis une deuxième grille, couloir, jusqu'à une troisième, qu'on franchit : nous voilà dans le bâtiment de la détention à proprement parler.

La maison d'arrêt est un édifice ancien, dont les parois suintent d'humidité. Comme à chacune de mes venues, l'odeur me saisit : des relents de moisi, de nourriture froide, de crasse. Les murs jaunis, le vieux carrelage, les portes avec leur œilleton alignées le long de couloirs semblant interminables, ces grilles qu'on finit par arrêter de compter et devant et derrière lesquelles on patiente inlassablement…

La détention se réveille doucement, il est encore tôt ; on entend les premiers éclats de voix assourdies, les premières invectives, le bruit des chaises traînées au sol, quelques coups de pied dans les portes… Et au milieu de cette rumeur qui enfle, le son des clés accrochées à la ceinture de mon guide qui s'entrechoquent sans cesse. Tandis que je force le pas pour le suivre le long de ces coursives qu'il a l'habitude d'arpenter à longueur de journées, le surveillant me fait un point rapide de la situation : Axel est détenu provisoire depuis quelques mois dans un dossier de viol aggravé. Il est dans une aile de la maison d'arrêt où chacun est seul en cellule : en effet, la nature des faits reprochés lui a valu quelques problèmes avec des codétenus et, au vu de sa fragilité psychologique nécessitant d'ailleurs qu'il soit médicamenté, il a été jugé préférable de l'isoler. Il faisait l'objet d'une surveillance particulière car Axel avait déjà exprimé des idées suicidaires auprès du psychiatre et de l'infirmier qu'il rencontrait régulièrement. Toutes les heures, un surveillant venait donc vérifier que tout allait bien : il allumait la lumière et regardait par l'œilleton dans la cellule. 5h30, rien à signaler. 6h30… Le surveillant constate qu'Axel est pendu aux barreaux de sa fenêtre par un drap. Vite, il ouvre la porte, prévient des renforts, se précipite pour le soulever et soulager la pression au niveau du cou en attendant l'arrivée d'un collègue avec lequel ils le décrochent… Trop tard.

Nous voilà devant la cellule, entrouverte. Les policiers, également prévenus, sont là, je les salue d'une poignée de main rapide. L'ambiance est lourde, par la porte mi-close j'aperçois le bas du corps d'Axel, au sol, où les pompiers déjà repartis ont essayé en vain de le réanimer. Le directeur de l'établissement est également présent, avec son adjoint et plusieurs surveillants, dont un peu à l'écart celui qui a découvert le défunt. Il est livide. J'échange quelques mots avec lui en le saluant, il tente un pauvre sourire, mais le cœur n'y est pas…

On attend le médecin légiste, la discussion se limite au minimum. Le chef de détention me tend un document et je grimace : Axel a été extrait de la maison d'arrêt hier… Il a été interrogé l'après-midi par le juge d'instruction en charge de son dossier. Il est rentré en fin de journée, il avait un comportement qui n'appelait pas d'observations particulières. Le personnel pénitentiaire n'a rien relevé au moment de sa réintégration en cellule, il ne paraissait pas plus déprimé que d'habitude.

Le médecin légiste arrive, je m'éloigne un instant pendant qu'il enfile une combinaison jetable et des surchaussures et j'appelle le procureur pour lui communiquer les éléments en ma possession. L'examen du corps est rapide : le médecin revient vers moi, sans surprise ses constatations sont compatibles avec un suicide par pendaison de toute évidence très récent. J'ordonne, comme toujours dans ce genre de situation, une autopsie et donne quelques instructions au service de police en charge de la poursuite des investigations.

Avant de quitter les lieux, je souhaite du courage au directeur à qui incombe la difficile tâche de prévenir la famille du défunt. Les suicides en établissement pénitentiaire font toujours craindre que d'autres détenus passent également à l'acte : je sais que les prochaines semaines vont être difficiles…

Sur le trajet jusqu'au tribunal, je pense à la famille d'Axel qui va recevoir ce maudit coup de téléphone… Et je monte quatre à quatre les marches pour aller voir mon collègue qui a interrogé le mis en examen hier.

Il est dans son bureau, la mine grave, un peu fébrile ; il sait déjà… Il me raconte l'interrogatoire : c'est un acte qui s'est bien déroulé, Axel avait l'air un peu endormi sans doute par les médicaments, mais quand il lui a demandé s'il se sentait bien, il lui a répondu que ça allait. Jusqu'alors il contestait l'intégralité des faits objets de l'instruction : hier, il a commencé à en reconnaître une partie, en nourrissant une grande honte en les décrivant, son comportement, l'image qu'il avait donnée de lui. Il n'y a eu aucun incident particulier.

« Sans doute que j'aurais dû, que je n'ai pas vu… »

Je le coupe : je viens de survoler l'audition, je n'y vois aucune dureté. Je connais ce collègue qui n'est pas réputé désagréable ou cassant… Je tente de le rassurer autant que je le peux : il a fait au mieux et c'était impossible de deviner ce qui traversait l'esprit d'Axel hier…

Peut-être que d'avoir parlé des faits, d'avoir assumé une part de sa responsabilité l'a perturbé ? Peut-être que ces aveux l'ont renvoyé à une part de lui trop sombre pour lui être supportable ? Peut-être qu'au cœur de cette nuit qui a pu lui paraître si longue en détention, et le matin et sa lumière si loin alors, ce poids a été trop lourd à porter, et qu'il a perdu pied ?

Je l'ignore et je sais que l'enquête ne nous permettra pas de répondre à ce « pourquoi » lancinant... Mais je suis sûre que mon collègue lui a montré toute la bienveillance qui lui était possible et qu'il n'est pour rien dans ce qui est arrivé. J'espère en quittant son bureau que ces mots sont suffisants pour le réconforter, tout en me doutant que non, il n'y a pas vraiment dans ces moments-là de formules magiques qui soulagent.

Dans la journée, je m'entretiens avec l'avocate d'Axel, elle est bien sûr très mal :

«Je l'ai vu hier, on a parlé du dossier, je lui ai dit que ce qu'il y avait dedans n'était pas très bon. »

J'essaie encore de trouver les bons mots, elle a juste essayé de l'aider à construire une défense cohérente, fait son job en fait, elle ne peut pas s'en vouloir pour ça et ne doit surtout se faire aucun reproche, je sais que mes arguments sont rationnels et que la situation ne l'est pas... Ça ne suffit en toute logique pas et ses yeux débordent : je pose maladroitement une main sur son bras. Elle m'adresse un pauvre sourire, me remercie et s'en va.

La journée est rythmée par la liste de formalités à accomplir dans ce genre de situation, rédiger les réquisitions aux fins d'autopsie, un rapport au parquet général, saisir l'association d'aide aux victimes afin qu'elle prévienne l'ex-compagne d'Axel et partie civile dans le dossier d'instruction de son décès...

Parallèlement, les autres affaires d'une journée de permanence se bousculent, les appels se succèdent, les déferements...

Je n'ai pas vraiment le temps de me poser dans la journée, et ce n'est que le soir que je repense à Axel et à cette nuit si noire où il a lâché prise, à son juge, à son avocate, à sa mère que le directeur a prévenue tôt ce matin, à toutes les questions auxquelles nous ne trouverons plus aucune réponse…

LA CONFIANCE DE KATIA

Cour d'assises, j'occupe les fonctions d'avocat général. Marcel, l'accusé, est déjà installé dans le box non loin de moi : bien habillé, ses cheveux rares sont bien peignés, il a l'air d'un vieillard inoffensif et, pourtant, il est mis en accusation pour des faits de viol aggravé en récidive.

Marcel reconnaît les faits, d'une petite voix contrite : il a un bon niveau de langage, il est poli, presque trop : « Oui, Monsieur le Président », « Non, Madame l'Avocat général », « Oui, Maître »... Cette extrême correction ne parvient pas à faire oublier ce mot, récidive... Marcel a déjà connu le décorum, la solennité de la cour d'assises et, pourtant, le voilà encore devant une autre cour pour répondre des mêmes faits, pour lesquels il encourt cette fois la réclusion criminelle à perpétuité, encore un terme qui fait frémir.

Il y a fort, fort longtemps, Marcel a été condamné à vingt ans de réclusion criminelle, la peine la plus forte qui pouvait être prononcée à son encontre. Le juge d'instruction qui s'est occupé du dossier qui va nous occuper pendant ces trois jours s'est fait transmettre l'arrêt de la cour jadis saisie : une vieille décision, ne comportant pas de motivation puisque cela n'était pas obligatoire à l'époque. Le magistrat instructeur a également obtenu et versé à la procédure l'ordonnance de mise en accusation ayant mené à ce premier procès : sa lecture fait froid dans le dos et on comprend le prononcé d'une peine d'une telle sévérité.

Pendant des années, Marcel a abusé de ses quatre filles, et ce depuis très jeunes. Il faisait régner un climat de terreur tel à la maison que son épouse, qui savait tout, n'a rien dit, rien fait pour protéger ses enfants qui ont vécu le pire, l'innommable. Un jour, la petite dernière s'est littéralement effondrée à l'école, faisant s'écrouler la forteresse que Marcel avait construite autour de sa famille, une forteresse de secret, de souffrance et de honte. Son épouse a été condamnée pour non-dénonciation de crime à une peine de l'ordre du symbolique, la cour ayant probablement entendu que cette femme aussi vivait dans la peur permanente même si elle n'avait pas su faire les bons choix face à Marcel qui écrasait, régentait le moindre aspect de leur vie à toutes.

Il avait reconnu les faits, expliqué boire beaucoup et avoir perdu tout sens commun. Ces aveux n'avaient de toute évidence pas su faire oublier à la cour ces quatre fillettes brisées, ces années de sévices et de trouille de tous les instants… Vingt ans. Vingt ans que Marcel a presque entièrement exécutés en détention.

Vers la fin de sa peine, il a bénéficié d'une libération conditionnelle. Il est venu habiter sur mon ressort, où il n'avait aucune attache, il n'avait en fait plus personne dans sa vie, ses filles et son ex-épouse lui ayant tourné le dos, et on les comprend, ses parents étant décédés, pas de frères et sœurs. Il avait toute sa vie à reconstruire et presque soixante ans alors, ici ou ailleurs…

Il a suivi les soins que le juge d'application des peines avait décidé de lui imposer puis, quand la période de libération conditionnelle a été terminée, il a arrêté d'aller voir le psychiatre, il n'en éprouvait pas le besoin et trouvait que ces rendez-vous ne servaient à rien d'autre qu'à ressasser un passé bien révolu. N'avait-il pas assez payé pour devoir s'imposer d'y repenser encore et encore ?

Marcel a commencé à faire du bénévolat, à rendre des services au voisinage… Il s'est fait des amis petit à petit, certains de son âge, d'autres plus jeunes, et il a retrouvé un semblant de vie sociale, les barbecues, les sorties, les soirées… La vie.

Il n'a rien dit à son entourage de son passé. Face aux inévitables questions, il est resté volontairement vague : il a parlé d'un divorce houleux, ses filles ayant pris le parti de leur mère et habitant loin, il ne les voyait plus et les avait juste de loin en loin au téléphone. Il s'est inventé une vie pour combler le trou de vingt ans dans son histoire : ça a bien marché, il a toujours eu beaucoup d'imagination, qui aurait pu soupçonner ce gentil papi si serviable de pouvoir mentir ?

Dans le voisinage, il a rencontré Katia et Jérémy, la petite quarantaine. Ils ont deux filles, Morgane, 11 ans, et Inès, 9 ans ; la cadette souffre d'un handicap. Katia n'a pas de famille et celle de Jérémy est loin, tous les deux travaillent, le quotidien est difficile sans relais familial disponible. Peu à peu, Marcel s'est rapproché de la famille et ce père que Katia n'a pas eu, il en a petit à petit, de confidence en confidence, de service rendu en petite attention, pris la place. C'est vers lui qu'elle se tourne quand elle a une difficulté, un coup de blues, quelque chose dont elle ne veut pas parler à Jérémy pour ne pas l'inquiéter…

Il répond toujours présent quand il faut amener Morgane à l'école ou à la danse, accompagner Inès à des soins prévus en pleine journée quand aucun de ses parents n'a pu s'arranger au travail… Heureusement qu'il est là, la vie est plus simple à gérer depuis qu'il est entré dans la famille.

Quand Morgane annonce à sa maman qu'elle ne veut plus aller chez Marcel parce qu'elle est assez grande pour prendre sa douche toute seule, Katia pense d'abord avoir mal compris. Elle lui demande de répéter : sa fille lui explique que Marcel veut toujours qu'ils se douchent ensemble et lui raconte la suite avec beaucoup trop de détails pour que la mère de famille puisse trouver le sommeil avant longtemps… Une fois le récit de Morgane terminé, que Katia a écouté sans jamais l'interrompre, elle demande juste à la fillette d'aller se préparer parce que dans une demi-heure elles vont aller quelque part, mais qu'elle a juste besoin de passer un moment seule, avant.

La maman pleure alors de colère, de chagrin, de rancune, mais quand elle pousse la porte du commissariat une heure après, ses yeux sont secs.

Ce que Morgane va raconter d'une petite voix gênée et hésitante à l'enquêtrice qui la reçoit, ce sont des faits de viols et d'agressions sexuelles qui se déroulent depuis plusieurs mois. Inès a été victime d'attouchements et, du fait de son handicap qui rend la communication avec son entourage très difficile, elle n'en parlera presque pas.

Placé en garde à vue, Marcel commence par nier puis, devant un certain nombre de preuves avancées par les enquêteurs, il va passer aux aveux.

Une information judiciaire est ouverte : au vu de l'état de récidive visé, sans grand suspense, Marcel est placé en détention provisoire en attendant le déroulement de l'instruction et l'éventuel procès à venir.

Le magistrat instructeur s'attache à cerner la personnalité de Marcel, son passé, ses filles sont entendues, avec l'impression lancinante qu'on exhume un cauchemar qu'elles avaient tout fait pour enfouir loin, et ne plus jamais y penser.

Le juge d'instruction auditionne Morgane et Inès, laborieusement pour cette dernière.

Il interroge Marcel qui parle de sa solitude, de ses pulsions irrépressibles tout en minimisant les gestes pourtant décrits avec force détails par l'aînée des victimes. Il souligne n'avoir rien prémédité, mais ne peut que garder le silence lorsque le juge souligne qu'il n'a pas non plus fait quoi que ce soit pour que cela s'arrête…

Et nous voilà à l'audience, deux jours d'assises à l'ambiance électrique que l'apparence inoffensive de Marcel ne parvient pas à rendre plus respirable. Morgane et Inès ne sont pas là, Katia a la haine, une haine proportionnelle au sentiment de trahison qu'elle ressent. Elle est livide et tremble en serrant la barre très fort au moment de témoigner. Elle explique qu'apprendre ce qui s'était passé a déjà été d'une grande violence mais ensuite, en cours de procédure, elle a appris, en même temps que Jérémy, que Marcel avait déjà été condamné pour des faits de même nature : ça a été le deuxième coup de massue... Il savait ce qu'il faisait, depuis le début elle a l'impression que sa famille, ses filles n'étaient que des proies, qu'il a toujours fait semblant, qu'il a piétiné sa confiance...

Marcel s'en défend bien sûr, rien n'était programmé, il n'a juste rien pu contrôler, mais rien ne peut en convaincre Katia et on sent bien que la cour aura des difficultés à voir en l'accusé autre chose qu'un prédateur.

Le conseil de Katia, Jérémy, Morgane et Inès décrit une famille déjà éprouvée par la vie, qui n'a souvent pu compter que sur elle-même et qui, quand elle a cru trouver de l'aide, a été trahie de la pire des manières par un menteur, un manipulateur. En plus des difficultés que ses filles rencontrent depuis les faits, Katia doit gérer l'immense culpabilité envahissante, irrationnelle, d'avoir fait rentrer ce monstre chez elle et de lui avoir laissé l'accès à ce qu'elle a de plus précieux, ses enfants.

La plaidoirie des parties civiles fait mal, très mal, Marcel l'encaisse, sans aucune réaction.

Mes réquisitions ne laissent pas de répit à l'accusé, elles sont bien évidemment très dures : Marcel savait à quel point céder à ce qu'il appelle ses « pulsions » pouvait être destructeur pour ses victimes. Tout ce qu'on vient de vivre pendant ces derniers jours, les cauchemars de ces fillettes, leur peur des hommes, leur avenir fragilisé par les errements d'adulte de l'accusé, il l'a déjà vécu. La solennité des assises, les questionnements des juges, des décennies de sa vie en jeu, tout cela Marcel le connaît, et pourtant… il a recommencé. Sachant tout cela, n'ignorant rien du cataclysme qu'il causerait, il a commis ces nouveaux faits après avoir arrêté ses soins en se racontant qu'il se maîtriserait et après être entré dans cette famille pour tout dévaster sur son passage.

Marcel est dangereux, il en a une nouvelle fois fait la preuve : vingt années de réclusion et une libération conditionnelle n'ont rien pu y changer.

Je demande à la cour d'assises de prononcer une peine de vingt-cinq années de réclusion.

L'avocat de la défense fait de son mieux pour ramener Marcel dans la communauté des hommes, lui qui a tant donné le sentiment de s'en être éloigné. Au vu de son âge avancé, le condamner à la peine requise signifie lui faire finir sa vie en prison, très probablement : c'est une réalité que je n'ai pas cherché à nier dans mes réquisitions. Le conseil de l'accusé n'a guère d'autres arguments que ses remords écrasants, mais en l'écoutant plaider avec une indéniable finesse, je ne peux m'empêcher de penser à ceux dont il avait fait part après avoir fait tant de mal, il y a plus de vingt années…

Tard dans la soirée après un assez long délibéré, la cour d'assises condamne Marcel à la peine de vingt-deux ans de réclusion criminelle. Il n'a pas un signe de tristesse ou de protestation en tendant ses poignets à l'escorte pour qu'elle y passe les menottes avant de le ramener en maison d'arrêt.

POUR PETIT PIERRE

Audience correctionnelle, jour de comparution immédiate.

Je suis descendue installer mes affaires à la place du ministère public, un peu en avance, comme je le fais souvent. J'aime bien parler un peu avec la greffière, ou les avocats déjà arrivés, avant le début de l'audience. Aujourd'hui, la salle est quasi vide. L'huissier audiencier est en train de disposer les dossiers du jour et seule est présente Carole, installée sur le banc des parties civiles. Je la reconnais, car j'ai vu des photos d'elle dans l'un des dossiers, que j'ai suivis à la permanence.

Des cheveux roux, le regard fatigué, Carole a l'air toute petite, emmitouflée dans un grand manteau violet et une grosse écharpe verte qui masque la partie inférieure de son visage. C'est vrai qu'il fait froid dans la salle d'audience, mais je sais aussi ce que Carole cherche à cacher : je me souviens des ecchymoses qui ornent le bas de ses joues. La laine ne suffit pas à camoufler l'hématome autour de son œil gauche…

Petit Pierre, son fils, joue dans la salle des pas perdus, sous la surveillance de sa grand-mère. Je l'ai aperçu en venant : il s'amuse à sauter sur les grandes dalles de pierre du sol gris. Il n'a rien à faire ici, à attendre qu'un tribunal décide ce qu'on va faire de son papa… Mais nous sommes là. Parce que Carole a peur, parce qu'elle a mal à la mâchoire, à l'œil, à d'autres endroits de son corps également marqués, que ce n'est pas la première fois, et que maintenant, ça suffit.

Avant-hier dans la soirée, Carole a composé le 17 pour faire appel aux gendarmes. On a versé au dossier l'enregistrement audio de cet appel. On entend Carole demander de l'aide, d'une voix étranglée, manifestement terrorisée… Ce qui déchire le plus le cœur au-delà de la détresse qui transpire de cet appel, c'est la voix de Pierre, cinq ans, qu'on entend en arrière-plan supplier son papa d'arrêter, de se calmer.
Les gendarmes sont arrivés très vite et sont rentrés dans la maison où ils ont observé les signes de la violence auxquels ils sont habitués : de nombreux objets étaient renversés, brisés au sol. Carole, en sanglots, portait des marques au visage, au cou. Ils ont remarqué des cheveux à elle par terre, manifestement arrachés. Elle tenait très fort son fils contre elle, tous deux recroquevillés, pendant que Mathieu, son compagnon et père de Pierre, faisait des allers-retours nerveux entre la cuisine et le salon. Ils ont pris Carole à part, hors de la vue de Mathieu, et d'une petite voix chevrotante elle leur a dit qu'il lui avait fait mal – encore…

Mathieu n'a pas protesté lorsqu'il s'est vu notifier son placement en garde à vue pour violences conjugales. Il a été interpellé dans le calme et ramené à la brigade de gendarmerie. Pendant ce temps, les gendarmes ont appelé la mère de Carole qui n'habite pas loin et qui est immédiatement venue la soutenir, s'occuper de Pierre et l'amener à la gendarmerie pour qu'elle soit auditionnée.

Carole s'est assise dans le petit bureau de la brigade et alors que le gendarme en charge de son audition s'assurait qu'elle se sentait prête à lui raconter ce qui s'est passé, il a vite compris que pour cette jeune femme était venu le moment de vider son sac.

Elle a raconté une soirée des plus banales, un repas en famille sans rien de particulier. Pierre a soudain renversé son verre d'eau et a éclaté de rire : Pierre rit tout le temps, de tout, Carole a ri elle aussi. Mathieu a commencé à s'agacer et elle a vite senti la tension monter.

Elle a vite fait sortir Pierre de table, car elle sait ce qu'annonce cette tension presque imperceptible, elle a l'habitude… Elle a amené son fils ailleurs, elle l'a mis devant un dessin animé à la télévision en lui disant de surtout rester là, de ne pas venir, et elle est retournée auprès de son compagnon, en refermant bien la porte derrière elle. Elle a tenté de faire diversion, en parlant de banalités, de sa journée, de tout et de rien… Mais trop tard, Mathieu a commencé à lui faire des reproches, à hausser le ton, elle lui laisse tout passer à ce gosse, et en plus elle conteste son autorité… Carole, d'une toute petite voix, risque « mais il a cinq ans… » et sursaute lorsque la main de Mathieu s'abat violemment sur la table…

La seconde d'après, il hurle, il jette des objets au sol, sur les murs, sur Carole, qui tente de se protéger comme elle peut, ce qui a pour effet de l'énerver plus encore. Il se saisit d'une lampe et frappe violemment le mur juste à côté de sa tête, le pied de la lampe explose en morceaux. Il attrape sa compagne et la secoue, la projette au mur elle aussi, lui attrape brutalement le visage et la force à le regarder en hurlant des mots qu'elle n'entend même plus, ensuite ce sont les coups, au buste, au visage, des gifles mains ouvertes et parce qu'elle a l'audace d'essayer de les éviter, des coups de poing qui la font tomber au sol, des coups de pied… Elle se roule en boule et attend que l'orage passe. Elle sait qu'il passe toujours, celui-là est juste un peu plus long que d'habitude… Ce qui compte, c'est qu'il ne sorte pas de la pièce, que Pierre ne voie pas ça… Il va et vient dans la pièce, elle l'entend crier, cogner dans les murs ou sur les meubles, jeter des choses au sol. Elle ferme très fort les yeux lorsqu'elle l'entend briser un objet – une bouteille ? un verre ? – et qu'il l'attrape pour brandir, en éructant, un tesson de verre sous sa gorge. Il la menace d'en finir, une bonne fois pour toutes, de la foutre par la fenêtre, cette incapable qui lui pourrit la vie… Il la traîne d'ailleurs par les pieds en direction de la fenêtre qui se trouve à six ou sept mètres du sol en contrebas et hurle que cette fois, il va le faire, il va en terminer…

Mathieu finit par s'arrêter de frapper, de lui-même, la laissant là, épuisée, au sol, en pleurs. Il continue de lui crier des reproches, des insultes, des menaces. Elle n'ose pas bouger, de peur que les coups reprennent… Jusqu'à ce que son fils entre. Mathieu est toujours très énervé, alors elle prend peur pour Pierre et titube vers son téléphone pour appeler les gendarmes. Il n'essaie pas de l'en empêcher.

Elle les a déjà appelés, une fois, deux mois auparavant. Il y avait eu une scène, beaucoup moins violente : la gendarmerie s'était déplacée, mais elle avait dit que ce n'était pas grand-chose, que c'était la première fois et qu'il s'agissait juste d'une grosse dispute, elle avait menti, avait refusé d'être auditionnée et de déposer plainte.

Aujourd'hui elle n'en peut plus, elle est épuisée et elle veut dire la vérité. Ça fait des années qu'elle vit des scènes comme celles-là. Parfois un peu moins longues, un peu moins dures, et parfois un peu plus.

Tout a commencé lorsqu'elle était enceinte de Pierre : ça a d'abord été insidieux, des reproches, des mots qui font mal. Mathieu était moins gentil, plus du tout attentionné, cassant. Elle l'a senti devenir un peu, puis très jaloux. Elle s'est dit qu'il devait être angoissé par l'arrivée du bébé, leur premier, elle a voulu le rassurer, alors elle a laissé passer. Elle faisait attention à ne jamais rebondir sur ce qui la blessait, pour que les choses se tassent… Mais ça n'a pas marché.

Les propos de son compagnon sont devenus de plus en plus durs, il est passé aux insultes, quand il ne lui aboyait pas des ordres. Elle ne le reconnaissait plus, mais elle attendait Pierre, alors… Elle s'est dit que ça irait mieux quand il serait là, que tous les couples traversaient des périodes difficiles, elle a encaissé les injonctions que Mathieu a commencé à faire pleuvoir sur elle.

Ne pas sortir.

Ne pas s'habiller comme ça, ça fait pute, et avec ton corps difforme là, tu t'es crue où ?

Bonne à rien. Incapable. Gros sac.

Pierre est né, après une grossesse compliquée pour Carole qui était très angoissée, tout le temps. Elle a espéré que cette mauvaise période était derrière eux et qu'elle retrouverait Mathieu comme il était avant, au début.

Elle a vite compris qu'elle s'était trompée : il ne supportait pas qu'elle ne soit plus disponible pour lui comme avant, et elle a eu le sentiment qu'il trouvait le bébé encombrant, trop de bruit, trop de pleurs, trop de contraintes... Il ne tolérait plus rien, elle le sentait toujours prêt à exploser.

Quand la première gifle est tombée, sèche, alors qu'elle n'arrivait pas à enfiler le body de Pierre qui gigotait sur la table à langer, le bébé avait dix jours. Carole est restée là, sans un mot, comme figée, plus par la surprise que par la douleur, et pourtant elle a eu mal. Mathieu s'est excusé, il a dit que le petit plus le travail, ça le stressait beaucoup. Il a promis que ça n'arriverait plus, il lui a dit aussi qu'il fallait qu'elle fasse attention à ne pas l'énerver, elle le connaît pourtant, avec son fort caractère...

La deuxième gifle n'a pas tardé.

Pendant son audition, Carole craque et déroule presque six années de violences conjugales. Elle a appris à s'organiser, à mettre en place des stratégies pour faire baisser la tension quand elle sent que Mathieu s'énerve. Il est tout le temps plus ou moins méchant dans ses propos, mais elle arrive la plupart du temps à désamorcer les conflits pour que ça n'aille pas plus loin... Jusqu'à ce que, comme si Mathieu avait emmagasiné trop de colère, elle ne puisse plus rien y faire et que la digue lâche, qu'il se défoule sur elle et, que stratégie ou pas, il hurle, frappe, casse, menace. Il ne touche jamais à Pierre, mais l'enfant a déjà assisté à certaines scènes... À beaucoup trop d'entre elles, en fait.

Le gendarme lui demande tous les combien ça arrive. Carole réfléchit longuement et explique qu'elle a un peu perdu la notion du temps, qu'elle prend chaque jour l'un après l'autre… Mais si vraiment elle doit évaluer, elle dirait environ trois épisodes de ce genre par mois, voire plus si quelque chose le stresse ou l'agace plus que d'habitude.

Les enquêteurs prennent rendez-vous à l'Unité médico-judiciaire pour Carole.

Le médecin légiste fixe son incapacité totale de travail à quinze jours, pas à cause des hématomes et ecchymoses qui marquent son corps, même s'ils sont nombreux et qu'ils touchent notamment son visage, mais parce que psychologiquement, Carole est à bout. Maintenant qu'elle a parlé, ses nerfs lâchent et elle ne cesse de pleurer. Elle est très angoissée par l'avenir, par ce que Mathieu va dire ou faire après sa garde à vue, comment cela va se passer pour Pierre… Mais elle n'en peut plus de cette trouille, cette peur liquide qui la saisit à n'importe quel moment, tous les jours; elle ne croit pas qu'elle pourra encore une fois tolérer ces hurlements, ces poings lourds comme des pierres et l'obligation de ravaler ses larmes après pour que Mathieu ne se remette pas en colère et que leur fils ne soit pas encore plus triste ; elle ne supporte plus d'être toujours sur le qui-vive, de devoir faire semblant que tout va bien et jouer à la parfaite maîtresse de maison, parer les crises, parer les coups… Elle veut que ça s'arrête, pour elle d'abord, et pour Petit Pierre, qui ne peut pas grandir en assistant à ça.

Mathieu, en garde à vue, reconnaît avoir « pété les plombs » juste avant l'intervention des gendarmes. Il explique qu'en ce moment au travail c'est compliqué et que Carole ne le soutient pas beaucoup, qu'elle a plutôt tendance à le provoquer.

Pour le reste des déclarations de sa femme, il conteste fermement et les balaie d'un revers de main : « foutaises ». Il l'a frappée une seule et unique fois, lorsqu'il a été interpellé, et encore parce que comme souvent, elle l'avait poussé à bout et que là, il a craqué. Jamais aucun autre coup, aucune violence physique ni même verbale.

Mais les enquêteurs ont vu dans quel état se trouvait Carole, et la terreur que son compagnon lui inspire : les dénégations de Mathieu sonnent faux… Ils vont chercher, partout où ils le peuvent.

Ils auditionnent la mère de Carole, dont elle est très proche. Elle décrit sa fille comme éteinte, depuis des années ; elle ne rit plus, elle s'isole. Elle ne voit plus les amis qu'elle avait avant. Sa maman a bien essayé de lui en parler, elles se sont toujours tout dit toutes les deux, mais Carole élude, tout comme elle trouve toujours de très bonnes explications pour les ecchymoses aperçues sur ses bras ou cette ombre sur sa pommette, mal camouflée à grand renfort de fond de teint… Sa mère a bien pensé à des violences, mais Carole a nié, l'a rassurée et a vite changé de sujet.

Les gendarmes vont également aller voir le médecin traitant de Carole, qui la suit depuis des années. Elle lui a parlé de ce qui se passait à la maison, en s'assurant qu'il ne raconterait rien, à personne. Elle a un peu édulcoré par rapport à ce qu'elle a déclaré en audition car elle avait tout de même peur qu'il trahisse son secret, mais depuis bien longtemps elle décrit des violences verbales et parfois physiques, avec mention dans le dossier de Carole d'ecchymoses, de douleur à la jambe un jour de mauvaise chute, de troubles du sommeil, d'angoisses diffuses… Le praticien remet copie de ses notes aux gendarmes, qui les versent à la procédure.

Carole s'est aussi confiée à sa meilleure amie, qui a vu les bleus. Là aussi, elle lui a fait jurer de n'en parler à personne. Le témoin s'en veut, si elle avait su que c'était aussi grave… Mais Carole était tellement paniquée à l'idée que Mathieu apprenne qu'elle en avait parlé à quelqu'un qu'elle a assuré qu'elle nierait tout et couperait les ponts avec sa confidente si cette dernière prenait la moindre initiative.

Ses collègues de travail ont aussi vu des marques, mais Carole est très réservée et ne se confie à personne.

Les enquêteurs vont parler avec les voisins : ils ont entendu les hurlements de Mathieu plusieurs fois, c'est vrai, et ils ont vu la petite dame du n°7 porter des manches longues même en été, mais ils ne se sont doutés de rien ou n'ont pas voulu se mêler des affaires des autres… Ils n'ont pas osé intervenir, et aucun d'entre eux n'a jamais réussi à vraiment parler avec Carole qui était très discrète, presque fuyante.

Mathieu est mis face à tous ces témoignages et ces éléments, mais il ne lâche rien : ce n'est pas un homme violent, il a dérapé une fois, point.

Carole ne veut pas être confrontée à lui dans le cadre de l'enquête et, au vu de son état, il ne vient ni à l'esprit des gendarmes ni au mien d'insister. Le dossier comporte suffisamment de preuves.

Mathieu a déjà des antécédents de violences, bien que ses condamnations soient anciennes. Au vu du caractère habituel des violences subies par Carole, j'estime qu'il convient de donner une réponse rapide à ces faits qui doivent définitivement et très vite s'arrêter.
Je prends la décision de faire juger Mathieu en comparution immédiate.

C'est le jour de l'audience : j'ai appris de l'association d'aide aux victimes qui a pris contact avec Carole à ma demande qu'elle avait décliné la proposition d'être assistée d'un avocat. Elle ne veut pas « l'enfoncer ». Elle a dit au juriste de l'association qu'elle serait là, car elle veut, maintenant, que ça cesse.

Elle s'est donc installée à la place réservée aux victimes dans la salle d'audience. Elle a l'air perdue dans ce grand manteau, d'un coup d'œil on sent l'angoisse qui la tenaille à cet instant précis… Je n'ai pas le temps de capter son attention pour lui faire un petit sourire d'encouragement que Mathieu entre dans la salle d'audience, menotté. Un seul échange de regards et je perçois immédiatement tout ce qui se joue entre eux. Il n'a pas besoin de dire un mot : Carole détourne la tête et se recroqueville à la seule vue de ces yeux sombres qui la toisent et semblent la clouer sur place. Elle s'éloigne un peu sur son banc et s'enfouit plus encore dans son manteau, comme si elle voulait disparaître… Mathieu met du temps à cesser de la fixer, et ne détourne en réalité le regard que lorsque la sonnerie annonçant l'arrivée du tribunal retentit.

Carole reste là, sur son petit coin de banc, les bras croisés bien serrés autour de son buste frêle, à écouter Mathieu réaffirmer sa version. Il ne sait pas pourquoi sa compagne est allée raconter tous ces mensonges. Il détache les syllabes et prend le tribunal un peu de haut : je sens que ça agace la présidente, car je la connais bien, mais elle n'en montre rien et se contente d'égrener les éléments recueillis au cours de l'enquête. Mathieu lève les yeux au ciel et dit que tout ça, ce sont des racontars, des hypothèses de gens qui n'ont en fait assisté à rien et qui rapportent ce que sa compagne hystérique est allée inventer contre lui.

Il se tient bien droit à la barre, sûr de son fait, et il en impose.

Quand la présidente a fini d'interroger Mathieu, elle lui demande de se rasseoir un peu en retrait et invite Carole à se lever. Elle reste debout, devant son banc, très mal à l'aise. C'est difficile pour elle de s'exprimer mais, par quelques phrases très courtes, elle répète ce qu'elle a dit à la gendarmerie : ça fait six ans et là, elle n'en peut plus.

L'avocat de la défense lui demande pourquoi elle n'est pas partie si son quotidien était si invivable et son compagnon un tel tyran…

« Puisque c'était si horrible, pourquoi six ans ? »

Carole cligne des yeux et réfléchit :

« Parce que je l'aime, parce que c'est le père de Pierre, parce que je croyais qu'il changerait… »

Je bous… C'est Mathieu qui est poursuivi, Mathieu à qui je reproche presque six années de violences et de terreur au quotidien et c'est à Carole, dont les larmes coulent de son œil à moitié fermé, de se justifier ?

Carole ne demande pas de dommages et intérêts. Elle veut juste qu'il la laisse tranquille, et qu'il ne lui fasse plus peur et plus mal.

Quand vient le moment de prendre mes réquisitions, je demande au tribunal de ne pas céder à la tentation – dans laquelle a versé la défense – de demander à Carole d'expliquer pourquoi c'est arrivé. Ce n'est pas à elle de dire pourquoi elle a vécu ces six années de peur et pourquoi elle a laissé faire ça, et c'est ignoble de lui demander des comptes.

Je raconte ce quotidien de trouille qui envahit tout, tout le temps, qui pourrit chaque instant qui sépare de la prochaine violence, cette attente et cette angoisse jusqu'au prochain épisode, cette emprise totale de Mathieu qui dirigeait tout.

Je raconte les stratégies pour se faire toute petite et ne surtout pas attirer l'attention, les mots choisis avec soin, la vigilance de tous les instants et tous ces efforts jamais suffisants.

Je raconte l'angoisse, la honte, le sentiment d'échec, la conviction de pouvoir faire en sorte que ça s'arrange au début, mais de sombrer plus profondément encore et d'entrevoir de moins en moins de solutions au fil des crises qui s'enchaînent.

Je demande au tribunal de dire à Mathieu qu'il n'avait pas le droit de faire croire à Pierre que c'est normal que papa hurle et fasse mal à maman, et que la terreur et le sang ont leur place dans un foyer. Je demande au tribunal de faire en sorte que ça s'arrête et de permettre à Carole de souffler, de se retrouver, de vivre normalement.

Je requiers le prononcé d'une peine de trois années d'emprisonnement, dont dix-huit mois assortis d'un sursis avec mise à l'épreuve, avec obligation de soins (pour traiter le rapport de Mathieu à la violence), interdiction d'entrer en contact avec Carole et interdiction de se présenter au domicile familial, qu'il devra quitter. Au moment de l'audience, la partie ferme de la peine requise était aménageable : je ne demande pas que Mathieu soit immédiatement incarcéré. Au vu de sa situation professionnelle stable et selon les démarches qu'il mettra en œuvre, le juge d'application des peines pourra décider de la meilleure manière pour le condamné d'exécuter sa peine.

Le tribunal suivra ces réquisitions.

À la fin de l'audience, je vois Carole quitter le tribunal à petits pas hésitants, toute petite dans son grand manteau violet, tenant Pierre par la main.

Je pense à sa vie dans les prochaines semaines, les prochains mois, la solitude, la culpabilité peut-être, la tentation de pardonner, de donner une nouvelle chance…

Tiens bon, Carole.

LE MORT-VIVANT

Hervé se tient bien droit à la barre et répond poliment au président qui vérifie son identité, son adresse… Cinquante-six ans, pas de mentions au casier judiciaire, marié, trois enfants, inséré. Très pâle et le visage marqué, il est visiblement mal à l'aise et il a l'air un peu égaré de ceux qui comparaissent pour la première fois devant le tribunal correctionnel, que rien ne le prédestinait à fréquenter un jour.

Rien jusqu'à ce soir-là où il a tué un homme et son fils. Hervé est poursuivi pour homicide involontaire aggravé.

Comme souvent dans ce genre de dossier, l'ambiance est très lourde. Sur le banc des parties civiles, Laura et sa fille Emma sont assises toutes proches l'une de l'autre. De ma place, je vois leurs mains entrelacées très fort, elles se raccrochent l'une à l'autre comme sans aucun doute chaque jour depuis que leur vie a explosé.

Un samedi pluvieux tard dans la journée, Christophe, environ trente-cinq ans, est allé chercher Mattéo, son fils, chez ses parents où il avait passé quelques jours de vacances. Évidemment, papi et mamie l'ont pourri gâté, c'est tellement tentant avec ce bout de chou adorable de trois ans. Il adore y aller. C'est un peu loin, alors il y passe minimum un week-end. Christophe est resté manger là-bas puis, le repas terminé, il a installé son petit dernier bien sanglé dans son rehausseur à l'arrière, avec son doudou. Très rapidement, le garçonnet s'est endormi. Christophe a pris la route, plus de deux heure trente de trajet, mais il n'est pas pressé, il roule tranquille comme toujours.

C'est à vingt minutes du domicile familial que tout s'arrête net, dans un fracas indescriptible de tôles. Christophe roule sur une voie prioritaire, il pleuviote, il fait sombre… Soudain un autre véhicule percute son increvable Ford depuis la droite. En un instant, sans que Mattéo ou Christophe aient seulement le temps de réaliser ce qui est en train de se passer, leur véhicule est violemment déporté de sa trajectoire, des étincelles, des morceaux de métal et de plastique projetés tout autour, un effroyable chaos…

Puis plus rien, juste le silence sur cette route de campagne peu fréquentée.

Nul ne sait combien de temps s'écoule avant que passe le véhicule suivant, qui s'arrête et prévient les secours qui vont mettre un certain temps à arriver sur place, distance oblige. Ils ne peuvent rien faire pour Christophe malgré leurs efforts pour le réanimer : c'est déjà trop tard. Mattéo décède à l'hôpital le lendemain.

Hervé, seul occupant de l'autre véhicule, s'en sort moins mal, mais est loin d'être indemne. Il a un traumatisme crânien, son genou droit est en miettes et l'une de ses côtes cassées lui a perforé un poumon. Son pronostic vital est un temps engagé mais, peu à peu, il va se remettre, lentement.

Les gendarmes vont devoir attendre plusieurs mois pour l'entendre ; ils ont beaucoup de questions à lui poser.

Il roulait sur une départementale perpendiculaire à celle qu'empruntait Christophe, une voie limitée à 90 km/h. Il avait un stop qu'il n'a manifestement pas marqué au vu de sa vitesse au moment de l'impact, évaluée par un expert en accidentologie à 120 km/h environ.

Les prélèvements sanguins réalisés sur Hervé à son arrivée aux urgences ont révélé la présence dans son sang de plus de deux grammes d'alcool par litre, bien au-dessus donc du taux maximal autorisé pour prendre le volant…

Il est placé en garde à vue dès que son état de santé le permet. Très rapidement, il reconnaît les faits : il était à une soirée chez des amis, il n'avait pas l'impression d'avoir consommé autant d'alcool que ça et n'aurait jamais pensé avoir un taux d'alcoolémie aussi élevé. Il se sentait capable de conduire, il était en forme. Il n'a pas fait attention au stop, il ne se rappelle pas l'avoir marqué, mais ses souvenirs sont un peu flous quant aux minutes ayant précédé l'accident… Si l'expert dit qu'au moment du choc il était à 120 km/h, de toute évidence, non, il ne s'est pas arrêté quand il l'aurait dû. Il connaît bien cet itinéraire, il habite à quelques kilomètres de là, il n'y a jamais personne sur cette route et c'est possible qu'il soit allé vite et n'ait pas respecté la signalisation… Il reconnaît que quand ça circule bien, il a tendance à dépasser les limitations de vitesse, juste un peu, il admet que 120 km/h pour 90, c'est plus que « juste un peu ».

Le procureur a bien sûr décidé de poursuivre Hervé devant le tribunal correctionnel : il encourt dix années d'emprisonnement.

L'enquête a révélé qu'il arrivait à Hervé de boire en soirée, mais rarement et jamais de manière démesurée, tous ses proches assurent qu'il n'est vraiment pas habituel qu'il conduise après. Il est qualifié de conducteur plutôt prudent. S'il va trop vite ? Il a une conduite peut-être un peu sportive, mais ce n'est pas un chauffard non plus, rien de choquant, d'ailleurs son permis compte dix points sur douze (deux contraventions pour de petits excès de vitesse lui ayant fait perdre un point à chaque fois), jamais de suspension, jamais d'incident notable à ce niveau-là…

À l'audience, Hervé reste sur la même ligne : il reconnaît tout, le stop, l'alcool, la vitesse excessive… Il a posé sa béquille sur le banc réservé aux prévenus. Le président lui propose de s'asseoir si la position debout l'incommode ou lui fait mal, mais il décline poliment et se cramponne à la barre.

Il ne cherche pas à éluder sa responsabilité, il ne cherche même pas d'excuses… Il ne s'en trouve pas. Il n'a plus jamais conduit et il ne travaille plus depuis l'acc… Depuis les faits, il se reprend avant de parler d'accident. Il ne va pas bien depuis, pas physiquement, ça… Il hausse les épaules et balaye d'un revers de main la douleur qu'il ressent toujours, dans la jambe notamment, comme si ça comptait pour rien, comme s'il l'avait bien méritée… Il essaie d'expliquer qu'il est dévasté d'avoir ôté la vie de ce jeune homme et de son petit garçon, il ajoute que sa fille a presque le même âge que la victime et qu'elle attend un enfant… Il bute sur les mots, sa voix se brise et ses épaules s'affaissent, mais il tente de se reprendre, on comprend qu'Hervé n'est pas du genre à se laisser aller et qu'il est gêné à l'idée qu'on puisse seulement songer qu'il s'apitoie sur son sort, car ce n'est pas à lui d'être triste.

Le président souhaite que le prévenu aille plus loin dans ses explications et l'interroge sur sa vie depuis. Tout le monde ressent dans la salle d'audience qu'Hervé est devant un immense gouffre au bord duquel il vacille, mais il n'en dit pas un mot. Une expertise psychologique ordonnée par le ministère public au cours de l'enquête décrit un état dépressif massif, une tristesse envahissante, des réviviscences de la scène, des troubles alimentaires et du sommeil… « Vous êtes en accord avec les conclusions de l'expert ? » Le prévenu hoche la tête, et rien de plus. Il semble soulagé lorsque le tribunal l'invite à se rasseoir.

Ce sentiment va être de courte durée puisque c'est au tour de Laura de prendre la parole. L'atmosphère était déjà difficilement respirable, elle devient suffocante tandis que la jeune femme décrit Christophe, son tout premier amour. Ils s'étaient rencontrés jeunes, et eux deux, ça avait toujours semblé être une évidence… Elle essaie de décrire au tribunal combien ça lui paraît dur de continuer sans lui, ce qu'elle n'avait jamais, jamais seulement envisagé, la seule force qui lui reste, c'est Emma, leur fille aînée. Jusqu'alors ses larmes coulaient sur ses joues, mais lorsqu'elle parle de Mattéo, elle n'y arrive plus et sanglote, de façon déchirante. Une chape de plomb s'abat sur la salle. Elle essaie de se reprendre et réussit à dire comme son fils était une merveille, un petit garçon adorable et joueur qui emplissait tous les lieux où il passait de ses éclats de rire, comme elle l'aimait, comme il lui manque, ainsi qu'à sa sœur… Elle ne peut aller plus loin et s'excuse de ne rien pouvoir dire de plus sur eux, parce qu'elle ne trouve pas les mots. Personnellement, je trouve qu'elle en a dit assez pour qu'on sente tous de manière très brutale l'immensité du manque.

Laura reprend son souffle et lorsqu'elle parle d'Hervé, elle ne pleure presque plus. Elle dit qu'elle a été très, très en colère et que les mois passant, c'est passé, un peu, pas complètement bien sûr car ça n'aurait jamais dû arriver. Elle lui en veut toujours, mais elle ne réclame pas vengeance. Elle ajoute qu'en plus de lui avoir pris Christophe et son Mattéo, de lui avoir gâché sa vie, il a aussi gâché la sienne. Ça n'a pas l'air de lui faire plaisir alors qu'elle énonce cette évidence qui a bien sûr sauté aux yeux de tout le monde, c'est juste un constat, qu'elle pose là.

Le tribunal n'a pas de questions, aucune des parties non plus. Laura est invitée à se rasseoir.

Le président demande à Emma si elle veut dire quelque chose, mais la jeune adolescente secoue la tête.

Hervé n'a rien à ajouter, il est comme assommé, tassé sur son banc.

Les débats sont clos et c'est au tour de l'avocate de Laura et d'Emma, ainsi que d'autres membres de la famille des victimes, de plaider. Elle parle des disparus, de Christophe d'abord : c'était un être solaire, qui pensait aux autres, qui prenait soin des siens… Elle brosse ensuite le portrait de Mattéo qui amenait la joie partout avec lui, qu'il était impossible de ne pas aimer immédiatement. Elle parle de tout ce qu'il ne connaîtra jamais, les bonheurs d'enfant, les tourments de l'adolescence, elle décrit l'adulte qu'il ne deviendra pas. Elle n'accable pas Hervé, oh, elle n'en a pas besoin, ses mots font déjà tellement mal. Le prévenu a la tête penchée et la tient dans ses mains. Il pleure ; les larmes qu'il contenait tout à l'heure jaillissent maintenant sans un bruit, comme celles de Laura et d'Emma serrées l'une contre l'autre, la mère ayant passé un bras autour des épaules de sa fille blottie contre elle.

Quand vient mon tour, je requiers, comme un procureur doit le faire et, bien sûr, pas question d'inverser les rôles, quelle que soit l'immensité du chagrin du prévenu. Il a cumulé les imprudences, enfreint plusieurs règles de conduite et, ce faisant, il a causé le plus grand préjudice qui soit. Je rappelle qu'un véhicule est une arme chargée que tout conducteur a entre les mains, avec laquelle on peut ôter des vies. Je sais qu'Hervé n'ignore rien du mal irréparable qu'il a causé. Pour une décision inconsidérée, deux vies ont été fauchées, deux vies pleines de promesses, et tant d'autres sont abîmées, sans qu'aucune sanction ne puisse effacer ce gâchis.

J'ai longtemps réfléchi avant cette audience : Hervé, poursuivi pour une infraction non intentionnelle, mérite-t-il d'aller en prison ? Après avoir beaucoup pesé le pour et le contre, j'ai fini par répondre positivement à cette question et j'explique pourquoi, notamment parce que le cumul des négligences du prévenu, qui roulait bien trop vite, avait beaucoup bu et n'a pas marqué le stop ne laissait aucune chance à Christophe et Mattéo, et qu'une telle succession d'erreurs graves confine à l'intention… Sans avoir voulu causer la mort des victimes, il s'est mis dans une situation qui ne pouvait que mener au drame. J'explique la peine requise avant de me rasseoir, que c'est dur alors, que c'est dur d'enfoncer Hervé malgré toute la souffrance qui transpire littéralement de lui. Je sais que, concernant de tels faits, ma fonction commande la sévérité : j'assume ce rôle et, de fait, j'estime vraiment que ce qu'a fait Hervé est extrêmement grave et doit faire l'objet d'une réprobation sans faille, mais cela n'empêche pas de ressentir de la tristesse.

L'avocat d'Hervé se lève. Il approche de la retraite et ne plaide plus beaucoup, et en tout cas presque plus jamais au pénal. J'ai toujours beaucoup apprécié son élégance, sa mesure et son éloquence discrète, sans effets de manche inutiles.

Il explique qu'Hervé ne voulait même pas être assisté lors de ce procès sans avoir verbalisé pour quelle raison mais qu'il va, lui, la dire au tribunal : son client n'estime pas mériter d'être défendu. Quelle que soit la sentence que cette juridiction prononcera, elle ne sera rien à côté du jugement qu'Hervé porte déjà sur ce qu'il a fait. Et puisqu'il ne veut pas, par honte ou par pudeur, parler de ce qu'il traverse depuis le soir des faits, lui va s'en faire la voix, et le raconter. Pas parce qu'Hervé est une victime, car il n'en est bien sûr pas une et que personne ici ne viendra chercher à minimiser dans quel abîme ont été plongées les parties civiles par la seule faute du prévenu… Personne.

La défense décrit la non-vie d'Hervé depuis qu'il s'est réveillé à l'hôpital. Il avait alors mal partout dans sa chair à vif, mais ce n'était rien encore. La vraie souffrance, il l'a connue plus tard, quand ses proches lui ont expliqué que deux personnes avaient perdu la vie et que lui, qui en était seul responsable, était toujours là. Il s'est renfermé en lui-même et n'a plus goût à rien, il ne parle plus ou si peu. Une partie de lui est morte sur cette route ; en réalité et sans avoir besoin de l'exprimer à haute voix car cela ferait trop mal à sa famille qui essaie de l'entourer du mieux possible, Hervé pense que ça aurait été bien mieux pour tout le monde, pour Laura, pour cette jeune fille qui grandira sans père et même pour les siens, que ce soit lui qui disparaisse sur cette foutue route.

Il plaide longtemps et bien, sur ce zombie jugé aujourd'hui, ce mort-vivant qui vit en automate, qui n'attend plus rien, ne désire plus rien, qui ne réclame même pas une indulgence que rien ne justifie à ses yeux, et qui ne mendie aucune pitié. Le ministère public réclame son enfermement et c'est bien là son rôle, mais croyez bien, affirme la défense, qu'Hervé s'en fout, il s'en fout d'être incarcéré ce soir ou le mois prochain : plus rien n'a d'importance que cet immense vide qui dévore et engloutit tout et dans lequel il a déjà sombré. Il nous parle de son épouse et de ses enfants qui ne le reconnaissent plus, pour lesquels il est présent sans être là vraiment, hors de portée des siens, hors de toute prise.

La défense ne plaide pas pour une minoration de la peine car, conclut-elle, tout ce qu'elle peut dire, tout ce que j'ai pu dire, les plaidoiries ou les réquisitions ne font tout simplement pas le poids face à ce gâchis, ces larmes versées et la souffrance de tous côtés.

Comme toujours, le prévenu a la parole en dernier, avant que le tribunal se retire. Il n'a rien à ajouter car il ne veut pas infliger ses « excuses minables » aux parties civiles à qui il a déjà fait tant de mal. Hervé a les yeux baissés, et les gardera de même à l'annonce du verdict, quatre ans d'emprisonnement dont deux assortis d'un sursis avec mise à l'épreuve.

À l'époque, cette peine était aménageable au moment de son prononcé. Je sais qu'Hervé n'ira selon toute vraisemblance pas en prison.

Je ne formerai pas appel de ce verdict.

CHRISTIAN

Au moment d'écrire ces lignes, il y a quelques semaines, un de mes plus fidèles compagnons de galère a quitté le tribunal pour partir à la retraite. Il y travaillait déjà depuis des années alors que j'étais toute jeune substitut du procureur. À l'origine ouvrier agricole, il y était entré comme agent technique, et petit à petit était devenu un maillon indispensable.

Il était agent de catégorie C et remplissait les fonctions de greffier du service de traitement direct[23] depuis longtemps déjà. Il connaissait tous les enquêteurs, qu'il tutoyait, dont il connaissait la vie et parfois les problèmes personnels. C'est à ses côtés que j'ai appris les ficelles du métier, que j'ai commis mes premières erreurs, que j'ai bricolé les solutions pour y remédier. On a ensemble vécu les permanences de folie, trois téléphones sonnant en boucle, les déférements à la chaîne, les dossiers à quatre-vingts infractions qu'on enregistrait à deux (« on fait la course ? »), le désespoir quand le logiciel nous plantait à mi-parcours… Il m'a vue hésiter, tancer les prévenus qui étaient présentés devant moi et essayaient de m'impressionner, changer d'avis en cours de procédure, me maudire lorsque je m'étais trompée…

Sa femme est tombée malade. J'ai déménagé. Il est lui aussi tombé malade, jusqu'à devoir suivre un traitement au quotidien ; c'était plus difficile pour lui de suivre à la permanence, mais il répugnait autant

23. Service de traitement direct (STD), également appelé Traitement en temps réel (TTR) selon les tribunaux : service de la permanence parquet.

à l'admettre qu'à le montrer. Je me suis séparée, et ai donc de nouveau déménagé. Il est devenu papi, une fois, deux fois… J'ai quitté le ressort, je suis revenue dans le coin. On a vécu nos coups durs, nos bonheurs, toujours en se taquinant, en se confiant avec pudeur et toujours en sachant qu'on pouvait compter l'un sur l'autre. On a énormément ri, il m'a parfois vue pleurer, il m'a vue changer… Les années ont passé : il s'est vu attribuer la médaille des services judiciaires, je n'étais pas là à l'époque, mais j'ai vu les photographies de la cérémonie.

Et il y a peu, il est parti. Sans beaucoup de bruit, sans grande fête à cause de la crise sanitaire, mais couvert de cadeaux. On s'est dit au revoir au détour d'un couloir, et il a remballé ses blagues, son sourire et un morceau de la mémoire du tribunal, qu'il a emportés avec lui. Je sais qu'on la boira, cette coupette, et qu'on trinquera à ce repos bien mérité.

Tu vas me manquer.

LA BONNE, LA BRUTE ET LE TRUAND

Audience correctionnelle ; je représente le ministère public et je suis venue avec un auditeur de justice, magistrat en formation, qui doit tout à l'heure prendre les réquisitions. Une affaire de vol avec violences commis au préjudice d'une boulangerie-pâtisserie réputée de la ville est aujourd'hui inscrite au rôle : l'ambiance dans la salle est électrique, une tension à couper au couteau est palpable.

À la barre s'alignent trois prévenus, tout trois très différents.

Christelle, une jeune femme à l'air apeuré est poursuivie pour complicité de vol aggravé. Elle a travaillé dans cette boulangerie dans le passé, elle connaissait les lieux, les horaires, le patron et ses habitudes, les moments où la recette serait bonne… Elle n'avait jamais eu affaire à la justice, jusqu'à ce qu'elle tombe amoureuse de Salim.

Ce dernier, la petite trentaine, est à ranger dans la catégorie des mauvais garçons qui fascinent certaines femmes. Comme plusieurs membres de sa famille, il est très défavorablement connu de mes services et connaît bien le tribunal correctionnel de mon ressort ; malgré de multiples condamnations et diverses incarcérations, il semble résolu à ne pas se ranger. Salim est toujours à la recherche de bons plans et d'argent facile et, quand il a rencontré Christelle, il a vite compris qu'il avait débusqué une sacrée opportunité en plus d'une nouvelle conquête à épingler sur son tableau de chasse. Naïve et ne se méfiant pas, elle lui a parlé de son travail à la boulangerie sans penser à mal. Très vite, Salim a su instaurer une fascination teintée d'appréhension et quand il lui a demandé toujours plus d'informations et de détails sur le fonctionnement de la boutique, elle n'a pas osé refuser et lui a dit tout ce qu'il souhaitait savoir.

Christelle n'est pas idiote et elle a vite compris où il voulait en venir… Les questions précises de son compagnon ne laissaient que peu de place au doute quant au projet de Salim, mais elle a cédé devant ses promesses et ses injonctions à mériter sa place à ses côtés. En toute connaissance de cause, elle a donné une multitude de renseignements très concrets sur la routine de son ancien patron, qui ont permis à Salim de s'organiser.

L'intéressé n'étant pas homme à se salir les mains, il a recruté dans la petite cour qui l'entoure perpétuellement un comparse capable de brutalité sans trop de scrupules, Pascal. Pauvre hère sans fortune ni logement, sans but et sans famille, perpétuellement en quête d'argent sans trop fournir d'efforts, il s'est laissé, sans aucune difficulté, vendre du rêve : un plan bien rôdé, quelques instants et un ton persuasif, il suffirait de faire preuve d'autorité pour récolter plusieurs milliers d'euros dans son escarcelle… Pascal a donc de bon cœur accepté d'être chargé de la main-d'œuvre et d'exécuter le projet de Salim.

Ce dernier a de toute évidence fait un mauvais choix : Pascal est frustre, impulsif, et la longue litanie des mentions figurant à son casier judiciaire démontre que, même dans le domaine de la délinquance, il semble condamné à échouer. Depuis des années, il fait des allers-retours entre la détention et l'extérieur, où il ne parvient jamais à se tenir tranquille bien longtemps. Il voit en Salim un modèle charismatique, selon lui capable de lui montrer la voie pour sortir des galères qu'il enchaîne depuis maintenant si longtemps… Cette détermination, cette assurance qu'affiche celui qu'il croit être son ami forcent son respect et lui semblent mériter sa loyauté. Manifestement, Salim est infiniment plus futé que lui, s'il dit que son plan est sans risque et qu'il va marcher, c'est qu'il VA marcher, qu'est-ce qui pourrait mal tourner ? Après ça, terminé de squatter à droite à gauche, finies les embrouilles et à lui la grande vie. Il ne vient bien entendu pas à l'esprit de Pascal que si le plan est si simple et si dépourvu de danger, c'est étrange que Salim ne l'exécute pas lui-même et préfère en sous-traiter la réalisation, s'obligeant ainsi à partager son butin et donc à minimiser ses bénéfices.

Christelle renseigne, Salim échafaude, Pascal exécute, de prime abord cela ressemble à un plan sans accroc.

Le jour J, Salim passe chercher Pascal : il lui remet des gants et une cagoule destinés à empêcher toute identification. Il lui donne aussi un couteau, « au cas où », et pour bien faire peur. Pascal le fourre dans la poche arrière de son jean, mais une petite lanterne rouge s'est allumée dans son cerveau : il a beaucoup fréquenté les tribunaux et il sait qu'un vol avec son casier ce n'est déjà pas bien glorieux, mais un vol avec arme… ça sent les problèmes, les gros problèmes. Salim n'avait jamais parlé d'une arme : Pascal se dit qu'il va laisser ce couteau dans sa poche, ça vaut bien mieux, et s'en tenir au plan d'origine.

Ils prennent la route et Salim se gare à distance respectable du commerce, dans une petite rue où il pourra patienter en toute discrétion. Il y attendra Pascal, prêt à démarrer – ou à s'enfuir si les choses dégénèrent, mais ça, il se garde bien de le préciser… Son comparse descend du véhicule et se rapproche de la cible. Arrivé à proximité, il enfile sa cagoule, comme Salim lui a dit de le faire… En petite main servile, il ne réfléchit pas et, comme convenu, il se positionne sous un porche d'où il peut, enfoncé dans l'ombre, observer la devanture de la boulangerie.

On est lundi soir. Christelle a bien averti Salim que la banque où son ancien patron dépose toujours la recette est fermée le lundi : il va donc, dans quelques instants, sortir de la boutique avec dans sa sacoche la recette de samedi, dimanche et lundi, trois jours pendant lesquels la clientèle a défilé pour acheter le bon pain, les viennoiseries et les petits gâteaux qu'on déguste pendant les week-ends passés en famille… Une sacoche bien garnie, remplie du contenu du coffre vidé quelques instants auparavant, qu'il compte aller déposer sur le compte de son commerce à la première heure mardi matin. Christelle a toujours trouvé ça imprudent de se promener ainsi avec trois jours de recette dans une banale besace, négligemment portée en bandoulière ; elle le lui avait même dit et il en avait plaisanté…

Pascal attend, il est prêt. Il a reçu pour instructions de foncer dès lors que le commerçant lui tournera le dos pour fermer la porte de la boulangerie. Il l'observe sortir, se retourner… Il s'élance, son cœur bat très fort. Il agrippe fermement la bandoulière de la sacoche pour s'en emparer, mais la victime l'a passée autour de son torse et Pascal comprend alors que tirer fort ne suffira pas : le commerçant ne semble pas disposé à se laisser faire. Son agresseur l'ignore, bien sûr, mais le boulanger a déjà été victime de deux vols à main armée dans le passé et il sature, se faire voler trois jours de recette sans résister, hors de question… Pascal essaie de prendre la sacoche, mais sa victime s'y accroche, cherche à le repousser et, il le voit bien, s'apprête à hurler pour ameuter tout le quartier… Heureusement, il ne pense pas un instant au couteau dans sa poche. Comme il ne voit pas d'autre solution pour se sortir de ce corps-à-corps manifestement voué à l'échec, il fait ce que son instinct lui commande : il cogne. Salim a été clair, ça doit aller vite et là, c'est en train de mal tourner, il ne peut quand même pas revenir les mains vides, la honte… Pascal arme son poing et le porte sèchement au visage du commerçant, trois fois. Il frappe vite et fort : la victime s'effondre. Victoire, Pascal se saisit de la sacoche tant convoitée et quitte les lieux en courant, soulagé.

Il est essoufflé et en courant vers la ruelle où l'attend Salim, il relève sa cagoule et se précipite... Il entre en vitesse dans la voiture, Salim démarre en trombe.

Le butin mirobolant promis s'élève à 1200 €... La faute au sans contact sûrement. Les deux comparses pestent, tout ça pour ça ? Pascal reçoit 400 € qu'il contemple d'un air dubitatif, Salim lui expliquant qu'il doit également donner sa part à Christelle ; elle n'en verra, bien sûr, jamais la couleur... Dans le même temps, sa cote auprès de Salim descend en flèche : le bon plan espéré s'est révélé décevant et elle est bien vite oubliée.

Le trio est rapidement démasqué : le boulanger a aiguillé les enquêteurs sur une complicité interne, un employé, un ancien salarié ? Les investigations s'orientent dans cette direction et, très vite, les fréquentations de Christelle intriguent. Dans le même temps, Pascal, éternel vantard, a un peu trop parlé de son dernier fait d'armes dans son entourage, sans compter que pendant sa course après les faits pour rejoindre Salim, il est passé devant pas moins de trois caméras de vidéo-surveillance après avoir retiré sa cagoule...

Christelle fait connaissance avec les cellules de garde à vue du commissariat de mon ressort. Elle supporte mal l'enfermement, les auditions... Elle est en colère aussi, elle comprend maintenant s'être fait avoir...
Moitié par peur, moitié par dépit, elle balance ses comparses qui ne tardent donc pas à être interpellés à leur tour.

Pascal avoue très vite, mais ne dit pas un mot sur Salim qui, pour sa part, nie en bloc. Tout pourtant vient l'accabler, du témoignage de Christelle jusqu'à la téléphonie : les policiers semblent triompher lorsqu'ils découvrent la sacoche du boulanger en perquisition... Mais l'intéressé persiste et maintient, il n'a rien à voir dans ces faits.

Il n'a convaincu ni les enquêteurs ni le procureur, et les voilà tous les trois à l'audience.

Christelle persiste, en n'oubliant toutefois pas de pleurer sur son sort : le cerveau, c'est Salim.

Pascal, l'ami loyal, s'agite et braille. Il charge sa comparse, traîtresse, elle qui « poucave » alors que le silence est de mise devant les flics et les juges : s'il reconnaît être allé au contact de la victime et lui avoir porté des coups parce qu'elle lui a résisté, il maintient que le plan d'action a été réfléchi avec Christelle, Salim n'a RIEN à y voir.

Tandis que l'un s'égosille et que l'autre pleurniche, Salim est dans la maîtrise. Droit derrière la barre, calme, il argumente posément, il ergote sur les éléments de procédure qu'il connaît aussi bien que son avocat. Il sait qu'il risque gros s'il est condamné : son casier judiciaire est déjà extrêmement chargé, sa dernière incarcération est récente. Les membres de sa cour, présents dans le public, s'esclaffent bruyamment de ses reparties et lui témoignent leur soutien, ce qui leur vaut quelques rappels à l'ordre du président d'audience.

La présentation des trois prévenus ne laisse aucun doute : le chef, c'est lui, nul ne peut un seul instant croire que cette gamine effondrée sur son banc, qu'une porte qui claque effraie, ou que ce grand costaud, qui se contredit à chaque phrase et accumule les arguments qui s'annulent entre eux, aient pu élaborer la moindre stratégie ensemble. Le maillon indispensable, le seul lien entre Pascal et Christelle, c'est Salim. Il en impose, il le sait et en joue ; il peine à dissimuler sa colère lorsque son ex-conquête le charge, peu habitué à ce que son aura ne le protège pas de telles dénonciations.

La victime n'est pas présente : elle est représentée par son conseil, qui forme des demandes indemnitaires rapides et souligne la lassitude extrême de son client qui ne parvient plus à exercer son métier sans ressentir cette impression d'insécurité permanente, dans son commerce, lorsqu'il ferme celui-ci seul le soir…

Tandis que mon auditeur de justice prend de brillantes réquisitions, Salim me regarde fixement. Rompu à la fréquentation du tribunal, il sait identifier son véritable adversaire et il espère manifestement me faire baisser les yeux, un sourire aux lèvres.

Il ne bronchera pas quand il écopera de six années d'emprisonnement. L'audience se termine dans les hurlements de protestation de Pascal, condamné à la même peine, tandis que Christelle, qui écope d'une peine d'emprisonnement avec sursis, quitte discrètement la salle sous le regard lourd de reproches des supporters de Salim.

LA RUCHE

Aujourd'hui, je passe ma journée au commissariat. Pour éviter aux policiers qui croulent sous le nombre d'affaires de ne plus savoir par quel dossier commencer, de devoir appeler le service de la permanence pénale du parquet ou de lui faire un mail, je me déplace régulièrement pour faire du « traitement sur site » afin, comme je dis trivialement, d'« abattre de la pile » : les enquêteurs me rendent compte dans leur bureau de leurs dossiers terminés afin que je leur fasse part en direct de ma décision. Elle peut consister en un classement sans suite (l'infraction n'est pas caractérisée, l'auteur n'en a pas été identifié, l'auteur est irresponsable pénalement ou tout un tas d'autres motifs très divers) ou en des poursuites pénales, selon des modalités que je fixe. Je peux également estimer que la procédure n'est pas en état d'être clôturée et leur prescrire de nouveaux actes d'enquête. Sur une journée efficace, ils peuvent ainsi me soumettre plusieurs dizaines, voire centaines de dossiers, selon leur degré de complexité et la concision des résumés.

Je ne bois pas de café au petit déjeuner : je sais qu'il va m'en être proposé à chaque bureau dans lequel je vais passer et je ne commencerai à les refuser qu'après 14h30, pour éviter l'insomnie qui s'ensuit systématiquement après une consommation pour moi tardive de caféine.

Sur place, je sonne à la porte réservée aux professionnels : « Oui bonjour, c'est Sir, vice-procureur, j'ai rendez-vous. » Chacun est bien sûr prévenu de ma visite : les policiers ont préparé leurs piles et sont dans les starting-blocks.

Soyons clairs, le système est bien trop engorgé pour espérer élucider toutes les procédures : les policiers ne sont tout simplement pas suffisamment nombreux pour traiter l'ensemble des plaintes qui leur sont soumises, et ce d'autant plus que dans une société de plus en plus judiciarisée, beaucoup d'affaires qui ne relèvent manifestement pas du droit pénal ne devraient même pas être portées à la connaissance des services de police et de gendarmerie. Il faut donc trier, prioriser et hiérarchiser les urgences.

Premier bureau. Violences conjugales. Café.

Une femme se plaint de violences verbales dans le cadre d'une main courante : elle ne veut pas déposer plainte et refuse même d'être auditionnée. Classement sans suite. Une association d'aide aux victimes prendra toutefois attache avec madame pour lui donner des informations sur les possibilités qui s'offrent à elle.

Une quinquagénaire a été retrouvée sur la voie publique avec des plaies suspectes, elle affirme que ce n'est pas son conjoint, mais c'est une situation que nous connaissons bien avec l'enquêtrice et nous soupçonnons fortement le contraire. On va demander à la même association d'aide aux victimes de prendre contact avec elle pour travailler une éventuelle plainte, pas gagné, mais il faut tenter.

Un homme est venu signaler avant-hier que son épouse l'a menacé avec un couteau. Il a accepté avec réticence d'être entendu, mais a refusé de voir l'Unité médico-judiciaire, il avait quand même une belle estafilade au bras. Placement en garde à vue de madame au plus vite et on retente l'examen médical de monsieur sur le temps de la garde à vue.

Le téléphone sonne, une femme se présente à l'accueil pour déposer plainte pour des violences dans son couple. L'enquêtrice, outre les dossiers qu'elle doit me soumettre, a un rendez-vous dans vingt minutes avec une victime, pour prendre son audition : elle demande donc à l'accueil de diriger cette dame vers le service des plaintes, elle récupérera ensuite la procédure pour poursuivre l'enquête.

Un homme a bousculé son épouse pour une sombre affaire de jalousie, pas de blessures, il n'a aucun antécédent, le couple reste ensemble, il reconnaît les faits, je décide d'une composition pénale, c'est-à-dire une alternative aux poursuites, le mis en cause devra réaliser à ses frais un stage payant à destination des auteurs de violences conjugales, ce qui devrait lui permettre de réfléchir à son comportement.

La policière va prendre son audition, elle est donc remplacée par un collègue, autres dossiers ; son téléphone sonne, il doit prendre une urgence ; nouveau collègue, autre pile…

Je change de bureau. Groupe mineurs. Café.

Une mineure s'est plainte de faits d'agression sexuelle de la part de son petit ami également mineur. Elle a vu l'Unité médico-judiciaire, le médecin n'a rien relevé, mais s'agissant d'attouchements sexuels, ce n'est ni étonnant ni discriminant. Le mis en cause nie les faits, les témoins n'ont rien vu, aucun élément matériel ne pouvant constituer une preuve. Classement sans suite, qui sera notifié à la plaignante par l'association d'aide aux victimes qui pourra lui donner connaissance du contenu de la procédure : je rédigerai une lettre expliquant les raisons de ma décision qui lui sera remise au moment de la notification.

Ah, je dois changer de bureau, une audition programmée, je prends ma tasse et vais de l'autre côté du couloir, l'enquêteur me suit avec sa pile.

Une plainte pour soustraction de mineur, la mère est partie avec l'enfant au moment de la séparation, mais il n'y avait pas encore de jugement qui attribuait la garde à l'un ou l'autre parent : classement sans suite, avis à victime.

Plainte pour viol sur mineure. Plainte pour violences commise par un mineur de seize ans sur son éducateur dans un foyer. Plainte pour violences sur mineur par personnes ayant autorité. Plainte pour des dégradations, commises par huit enfants de quatorze à dix-sept ans.

Placement en garde à vue dans le but d'une information judiciaire criminelle. Convocation devant le juge des enfants. Classement sans suite, mais transmission de la procédure pour que j'en informe le juge en charge de l'assistance éducative. Réparation pénale mise en œuvre par la Protection judiciaire de la jeunesse.

La pile descend, finie, ça tombe bien, le mis en cause que cet enquêteur doit entendre ce matin vient d'arriver.

Autre enquêteur, nouvelle pile.

Je croise dans le couloir un mineur que je connais, qui vient d'être ramené pour être placé en garde à vue pour des violences : il me salue, « B'jour M'dame le Proc », un brin provocant, mais ça passe, je le salue en retour, nouveau bureau, café ? Non merci, je fais une pause sur la caféine, là.

Groupe des atteintes aux biens. Un vol effrac' (comme on appelle communément les vols avec effraction), aucun élément, classement sans suite pour auteur inconnu, code 71. Un autre, 71 aussi. Un vol par ruse, l'auteur s'est fait passer pour un agent EDF pour rentrer chez une personne âgée et lui a volé des bijoux. Il a laissé ses empreintes et bingo : l'officier de police judiciaire me donne son nom, pas besoin de consulter son casier judiciaire je connais son palmarès dans les grandes lignes, placement en garde à vue, ce sera une comparution immédiate.

Les dossiers défilent, à un rythme soutenu, les atteintes aux biens sont souvent moins complexes. Classement 71. Un vol à l'étalage, déjà connu pour ça à de multiples reprises ? Plaider coupable[24], puisqu'il

24. Autre dénomination de la procédure de comparution sur reconnaissance préalable de culpabilité, procédure simplifiée réservée aux prévenus reconnaissant les faits objets des poursuites.

reconnaît les faits. Les enquêteurs se succèdent avec de grandes piles, mais ça va vite, donc vers 12h15, terminé pour ce service. Une pause.

On reprend à 13h30 avec le groupe stup', puis le groupe crim' qui prend les affaires non attribuées spécifiquement à un autre service.

Café. Pile.

Plusieurs téléphones sonnent coup sur coup, des enquêteurs froncent les sourcils, ils doivent partir sur une urgence : quelqu'un vient de menacer son voisin avec une arme et personne d'autre pour y aller, la pile, ce sera pour un autre jour. Je change de bureau. Je croise le mineur de ce matin, il va se faire signaliser par l'identité judiciaire : « Ça va, M'dame le Proc ? Vous rentrez dans la police ou bien ? »

Je descends d'un étage, groupe dossiers, toutes les petites plaintes du quotidien. Ici, les enquêteurs croulent plus encore sous le nombre.

Plusieurs d'entre eux sont en audition, j'attaque avec une enquêtrice qui vient de commencer dans l'investigation. Elle ne connaît pas très bien ses dossiers, je fronce les sourcils : c'est compliqué de décider sans avoir toutes les bonnes informations, alors je pose beaucoup de questions, et je prescris beaucoup d'actes d'enquête qui n'ont pas été réalisés.

Des violences entre voisins, légères blessures, faits contestés, des témoins ? Oui, une autre voisine, elle dit quoi ? Elle n'a pas été entendue. Audition du témoin.

Une plainte pour dégradation, faits reconnus par le mis en cause qui explique s'être énervé ; OK, on a un devis pour que j'aie une idée du dommage causé à la victime ? J'ai besoin du montant du préjudice pour qualifier l'infraction, les dégradations étant de nature différente (contravention ou délit) selon la gravité des dommages. Non, pas de devis. OK, reprendre contact avec le plaignant pour obtenir un devis.

On avance lentement, c'est assez poussif, mais on finit par en venir à bout.

Autre bureau, tisane, nouvelle pile. Le téléphone sonne, un plaignant qui veut des nouvelles de sa plainte, c'est toujours en cours, on attend les résultats d'une expertise psychiatrique du suspect. Dégradations, auteur non identifié, classement sans suite auteur inconnu ; violences, en fait, c'est des violences réciproques et chacun est venu se plaindre en oubliant de parler des coups qu'il avait lui-même portés, classement sans suite ; vol dont l'auteur a remboursé la victime en intégralité, sans antécédents, rappel à la loi ; nuisances sonores, en fait l'immeuble est mal isolé et la plaignante ne supporte pas les bruits d'intensité « normale » que font ses voisins du dessus qui ont des enfants en bas âge, classement sans suite.

Un jeune policier que je ne connais pas entre dans le bureau, salue l'enquêtrice en lui tendant la joue, fait de même avec moi, pensant avoir affaire à une collègue, je lui fais la bise et me présente seulement après, je ris en voyant sa tête et le rassure quand il me présente de bredouillantes excuses, il part sans demander son reste.

16h00, je commence à fatiguer, mais les comptes-rendus s'enchaînent. J'entends les voix dans les bureaux entrouverts où se déroulent des auditions, question-réponse-bruit du clavier, parfois un mot plus haut que l'autre, les téléphones qui sonnent, des allers-retours dans le couloir, cette ébullition qui semble ne jamais vouloir cesser, comme une ruche géante au bourdonnement constant.

Je m'efforce de rester concentrée pour faire grandir la pile à droite de mon interlocuteur et diminuer celle de gauche et, au bout de plusieurs heures, alors que je ne compte plus ni les enquêteurs qui m'ont rendu compte ni le nombre de décisions prises, enfin, fini.

Je passe saluer le commissaire avant de partir – « on vous revoit le mois prochain ? » – je hoche la tête.

En redescendant, je laisse passer plusieurs policiers en uniforme partant manifestement sur une intervention, police secours, ils opinent vaguement du chef pour me saluer, ces services ne connaissent pas vraiment les magistrats ou si peu.

Je repars à pied vers le tribunal au son des deux-tons qui s'éloignent.

CONCLUSION

Au moment où j'écris ces lignes, la prochaine permanence est en approche.

Je sais qu'elle m'apportera son lot d'adrénaline, de réveils nocturnes, de doutes, de dossiers tous différents et pourtant parfois si semblables. Il y aura des vies soudain bouleversées, des quotidiens d'un coup enrayés par le grain de sable qui vient gripper la mécanique, l'irruption de la douleur, de la colère aussi, et il y aura souvent, à n'en pas douter, urgence à y apporter une réponse. Je sais qu'il faudra la trouver et que même en m'employant à faire de mon mieux, je vais hésiter, peut-être me tromper, c'est déjà arrivé.

Depuis plus de dix ans, je vis à ce rythme des semaines de perm, des piles de dossiers dont certains ne sont résolus qu'au prix d'heures à se faire des nœuds au cerveau, des audiences où alternent moments cocasses et larmes contenues, des prévenus qui défilent dans nos bureaux avec leur chagrin, leur rage, leurs regrets et remords, des lettres de victimes qui demandent de l'aide, ou ne comprennent pas pourquoi elles n'en ont pas reçu…

Il y a peu encore, je suis rentrée d'audience vidée et incapable pendant quelque temps de me sortir de la tête les pleurs d'une victime pensant ne pas avoir été crue. Comment lui dire que si, mais que ça ne suffit pas toujours ? Comment la convaincre que tout ce qu'elle a accompli, que ces auditions et expertises au cours desquelles elle a livré tous ses secrets, toutes ses douleurs, tous ses moments de fragilité, ce n'était pas pour rien ?

Je croise parfois des collègues plus anciens : certains sont blasés, l'affect comme émoussé de s'être trop frotté au malheur des autres. Mais la plupart comme moi restent passionnés par ce qu'ils vivent, par ces situations de prime abord inextricables qu'il faut démêler puis résoudre, par ces morceaux d'humanité brute qui vous sautent au visage au détour d'une audience, d'un local de garde à vue ou d'une scène de crime. J'ai fait plus d'angoissantes mais surtout de belles rencontres, grâce à mon métier, que je ne pourrais en raconter, il m'a plus fait grandir et donné plus de foi en l'humanité qu'aucun autre n'aurait pu le faire.

Je me dis qu'un jour je serai fatiguée, physiquement d'abord, de ce rythme parfois affolant que ce métier impose, de ces nuits sans sommeil ou ces semaines marathon aux assises, moralement surtout, de regarder dans les yeux plus de détresse que je ne pourrai peut-être un jour en supporter. Il m'arrive d'avoir envie d'autre chose, de désirer que ces sollicitations incessantes s'arrêtent, comme ces vies explosées en plein vol qu'on se prend en pleine face et qu'on doit ensuite gérer vaille que vaille. Il m'arrive de me dire que ce que je fais est vain, que c'est un éternel recommencement et que les réponses que les gens de justice apportent sont bien dérisoires face à ces parcours brisés, ceux des victimes bien sûr, mais également ceux des mis en cause, qui nous parviennent souvent en miettes et incapables de faire autre chose que détruire, les autres, leurs vies, eux-mêmes, la leur. Je me dis que je croiserai d'autres de ces regards noyés de larmes, d'autres de ces fureurs, d'autres de ces gâchis… Et que ce sera peut-être la fois de trop.

Puis je me souviens être devenue parquetier pour servir à quelque chose, pour protéger les plus fragiles et ceux qu'on piétine en leur prêtant ma voix ; pour vivre ces jours à cent à l'heure, ces fous rires d'épuisement, cette tension à l'audience au moment de se lever pour requérir ; pour ressentir cette satisfaction lorsque je suis parvenue à convaincre et que j'ai l'impression qu'une bonne justice a été rendue… Et je me rappelle que la contrepartie à tout ça, c'est cette déception et parfois la colère lorsque j'ai échoué, et ces fantômes qui certaines nuits, lorsque le sommeil me fuit, sortent des quelques dossiers que je ne suis jamais parvenue à refermer tout à fait, et qu'après tout, ce n'est pas si cher payé.

Alors je continue, car c'est tout ce que je sais faire.

TABLE DES MATIÈRES